幻の「カフェー」時代

夜の京都のモダニズム

À LA RECHERCHE DU CAFÉ PERDU

斎藤 光

淡交社

織田一磨『画集新宿』より「新宿カフェー街」
（1930年、町田市立国際版画美術館所蔵）

織田一磨『大阪風景』より「道頓堀」
（1917年、大阪中之島美術館所蔵）

1911年に開店したカフェー・パウリスタは、大阪や京都にも支店を展開した

堂本印象『いの字絵本』より女給
(1912年、個人蔵)

京都西陣の工房で図案を描くかたわら、堂本は大阪で体験した文化・風俗をコマ絵で描いている

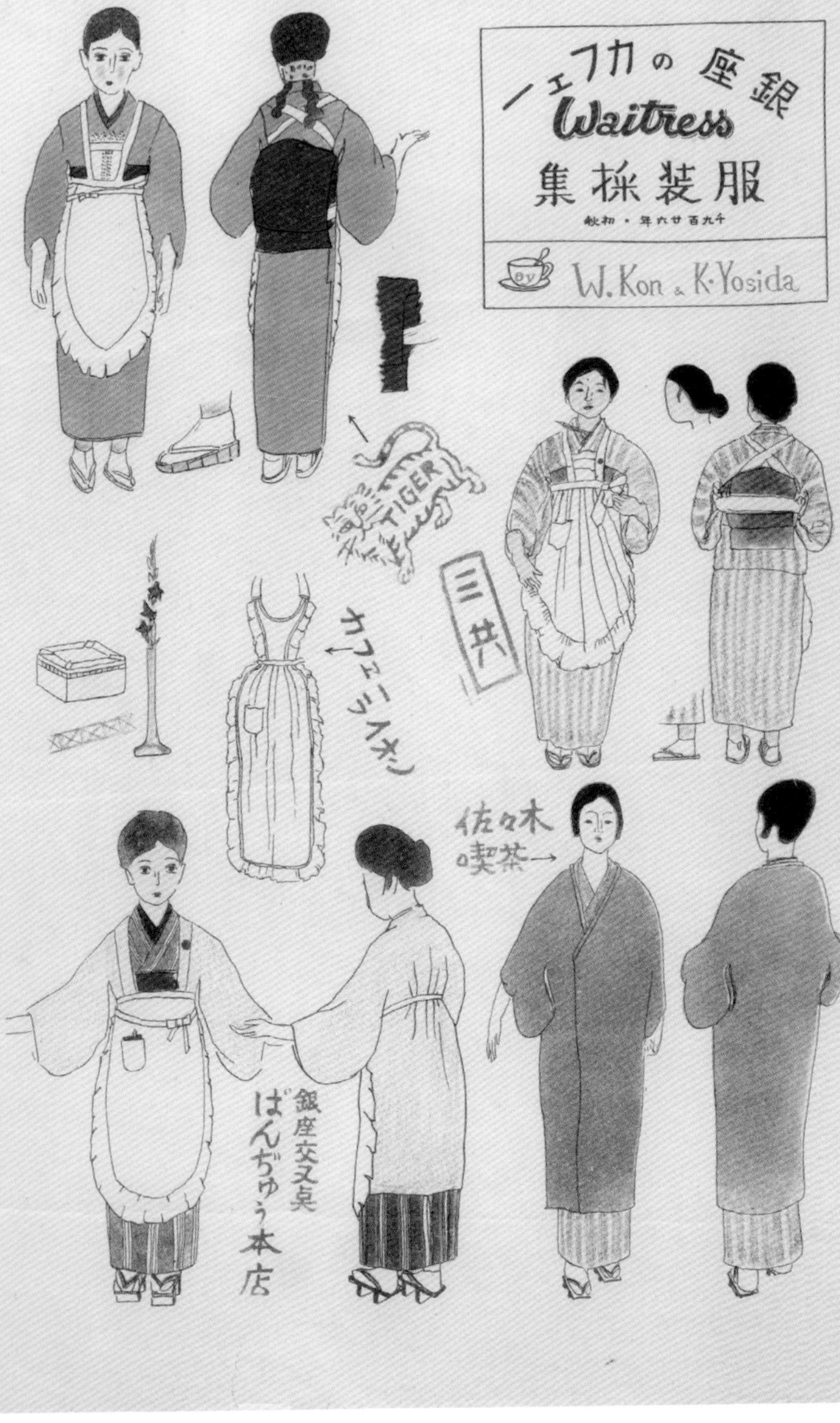

銀座のカフエー
Waitress
服装採集
千九百廿六年・初秋
by W. Kon & K. Yosida
TIGER
三共
カフェーライオン
佐々木
喫茶→
銀座交叉点
ばんぢゅう本店

今和次郎・吉田謙吉「銀座のカフェー服装採集1・2」
（1926年初秋、工学院大学図書館所蔵）

京都のダンスホール「アケボノ」「ローヤル」「京都ホール」のダンサーたち
(『ダンサー』1927年3月創刊号より、熊本県立図書館所蔵)

京都のカフェーは1920年代後半にダンスホール化し、警察の取り締まりが強まる

アケボノ

ローヤル

ローヤル

京都ホールのダンサーとジャズバンド

京都のカフェーと、カフェーに関わる店のマッチラベル
（いずれも京都工芸繊維大学美術工芸資料館所蔵）

四条川端の菊水館。1916年に開店し、今もレストラン菊水として営業している

四条大橋西詰のレストラン矢尾政（～1933年のラベル）。外観はほぼ変わらず、現在は北京料理の東華菜館となっている

モダン酒場として1927年に創業した京極スタンドは、現在も人気の酒場

四条木屋町東北角の地下にあった交潤社は、織田作之助の短編「競馬」にも登場する

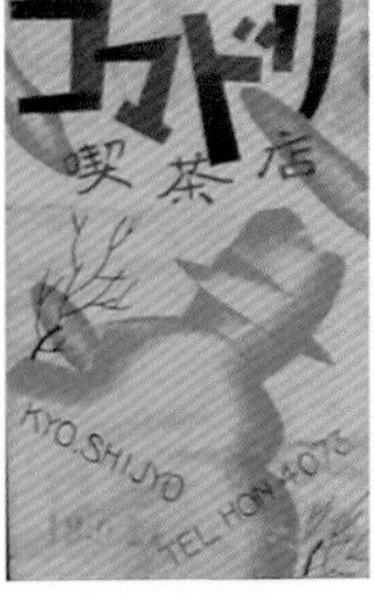

四条通りの大丸向かいにあったコマドリは、京都を代表する喫茶店の一つ

カフェー天久は大正末に開店し、戦後も長らく営業し、「カフェー最後の生き残り」とも言われた

カフェーマルベンの詳細は不明だが、河原町に乱立したカフェーの一つである

フランソア喫茶室は1934年、明朗で文化的な「喫茶店」として開業した

祇園のミス上海。国際都市となった上海にモダンのイメージが重ねられている

カフェー三ケ月の詳細は不明だが、いかにも京都らしい意匠が凝らされている

百万遍にあったカフェープランタン。店内の蓄音機が売りの一つだったようだ

「享楽の殿堂」と謳ったカフェーライオン。カフェーが密集する河原町通りの中でもモダンな外見だったのだろう

「パンホール」は今は消滅したジャンルで、パンを中心にコーヒーなどを供した（170頁）

京都サンボアは1928年に創業し、現在も三条寺町で営業している

四条小橋近くにあった不二家（～1936年のラベル）。1935年、京都では喫茶店の数がカフェーを上回りはじめる。地下が交潤社である（201頁）

おでんや「たこまつ」。1933年頃からおでんやにも女給や蓄音機が導入され、「おでんやのカフェー化」が進んだ

フルーツパーラーは喫茶店とジャンル的に重なる。八百文は四条通りに支店となる喫茶室を出した（170頁）

純喫茶「夜の窓」は、当時流行した宝塚少女歌劇の装いをした「喫茶ガール」が人気を集めたという

さまざまなジャンルがカフェーから分化した
（いずれも京都工芸繊維大学美術工芸資料館所蔵）

桂ダンスホール（〜1940年のラベル）

京都市伏見のカフェー寶山

東山ダンスホールの内装を伝えるラベル。正面にはバンドが演奏するための舞台が置かれている

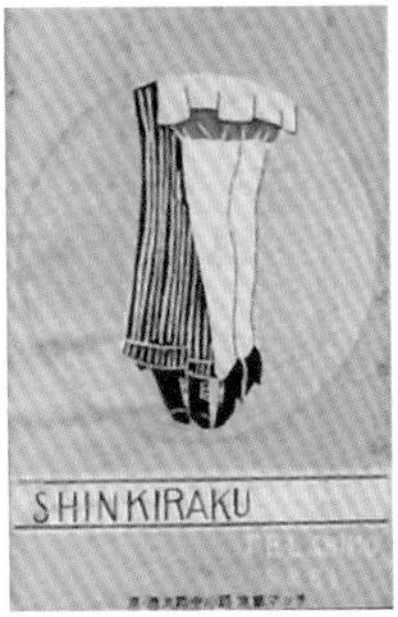

四条大宮のカフェー新喜楽は、ダンスホールとしても利用できたのだろう

京都市伏見のダンス京阪ホール

大阪発祥の大型カフェー「美人座」は1929年に京都に進出し、翌年には東京へ乗り出す。「レビュー」的な出し物もあったようだ

京都では、1927年にはすでにダンスが流行していた。カフェーは蓄音機やバンドを導入してジャズを流し、ダンスホール的な役割も担った
（いずれも京都工芸繊維大学美術工芸資料館所蔵）

京都のカフェーの建築外観
（『建築写真類聚』1931年第8期第3号より）

カフェー・シラギク　京都河原町四條

25

カフェー・セントラル　京都河原町三條

37

カフエー・日の丸　京都河原町五條　41

カフエー・銀水　京都河原町五條　↑

「流行歌 カフェー小唄」の表紙
（『シンフォニーハーモニカ楽譜』1929年）

洋髪に着物、白エプロンの女給、洋酒といった、カフェーのイメージが散りばめられている

RICH UENO. Kyooto. "Star Bar" Naibu Toosizu.
Interna Perspektivo de Drinkejo "Star Bar"

1

上野リチ「スターバー内部透視図」
（『インターナショナル建築』1930年第2年第8号より）

リチはデザイナーで、のちに京都市立芸術大学教授をつとめた。カフェー建築・インテリアデザインを手がけた上野伊三郎の妻

東京のカフェータイガー
(『建築写真類聚』1932年第8期第8号より)

永井荷風も通った大型カフェーである

幻の「カフェー」時代——夜の京都のモダニズム

目次

・今回の記述に関して、２０１７年度・２０１８年度・２０１９年度・２０２０年度「京都精華大学・個人研究奨励費（日本におけるカフェージャンルの成立、分解、再構築に関する社会史的文化史的基礎研究）」を利用しています。

・資料に関して、京都工芸繊維大学美術工芸資料館、京都精華大学情報館、京都府立図書館、京都府立京都学・歴彩館、京都国立近代美術館など、多くの図書館美術館にご協力いただきました。ありがとうございます。

・京都における「カフェー」「喫茶店」「カフェ」に関する資料・記録をお持ちの方で、複写・提供など協力いただける方の連絡をお待ちしています。

※史料からの引用文中の表記は、現在の仮名遣いや使用漢字と異なる場合があります。また、一部の表記や句読点を改めています。

※「カフェー」の表記は、一般名称の場合は「カフェー」とし、当時の店名が史料等から明らかな場合は、その表記に従っています。引用文中の表記は原文ママとしています。

はじめに

「カフェー」なるもの

カフェとカフェー

「カフェー」という表記を目にすると、すぐに「カフェ」という単語が浮かぶのではないだろうか。さらに「どう発音するのだろう」、とか、「『カフェ』と同じもの？ 違うもの？」、といった疑問がわくと思う。

読み方としては、文字通りに発音していただければよいし、「カフェ」との関係でいえば、その出発点、と捉えてもらってよい。実は、「カフェーがカフェの出発点」という捉え方こそが、この本のテーマにかかわっている。

「カフェー」という表記を見て、「カフェ」をすぐ思いつくのは、「カフェ」が日常的なものとなっているからだ。今、「カフェ」は、日本中至るところにある。

至るところに「カフェ」があるという今私たちが出会う状況、これがスタートしたのは、1990年代半ばのことだった。たとえば1996年（平成8）8月には、スターバックスカフェが日本再上陸をまずは銀座で果たした。その後、スタバは急速に人気を獲得していく。特に若い女性とコーヒーをつなげたのがポイントだった、と言われている。

翌年には、東京地区でのフード重視カフェの嚆矢《こうし》とされるバワリーキッチンが駒沢に登場。「食」と連携したカフェへの注目が飛躍的に高まっていった。「カフェめし」というキーワードは2000年前後に現れるが、カフェと「食」とのつながりは、多くの人々が共有するところとなり、「カフェ」の日常化をさらに進めた。

今から振り返ると、スターバックスの店舗数の増加は、「カフェ」が日本で認知度と好感度を上げていくのと並行現象だった。１９９７年3月、日本のスタバは5店舗であったが、5年後の２００２年3月には、３４５店舗になっており、２０２０年3月末で、１５５３店舗が展開されている。およそ25年間で、３１０倍増という計算だ。

ところで、日本社会に現在広く見られる「カフェ」、これを日本で歴史的にさかのぼると「カフェー」に行き当たる。「カフェー」は、洋風の内装調度の店内で、洋風の飲食、たとえばコーヒーや洋酒、カレーライスなどの洋食をとる場である。かつてそのように、一般の人々から認識されていた。

この認識が日本で一般的に知られるようになり人々が受け入れ始めたのは、いつのことだろう。始まりは、１９１１年（明治44）である。銀座に「カフェープランタン」と「カフエーライオン」そして「カフエーパウリスタ」が開店した年だ。

この本では、人々の間に、カフェーという認識が広まり、同時に、街にカフェーという場や店舗が現れることを、一言でカフェージャンルが登場した、と表現したいと思っている。つまり、ジャンルとしてのカフェーは、１９１１年に銀座に現れたのである。

少しつけ加えておく。「ジャンル」が成り立つというのは、一定の認識が社会で人々に共有されていることだ。「カフェー」という言葉を目にしたり、頭に浮かんだとき、「カフェー」の共通したイメージやある個別の店舗が思い起こされる状態、と言っていいだろう。

　現在でいえば、京都に住んだり親しむ人が、「カフェ」という単語に出会い、三条大橋西詰のスタバや堺町通り三条のイノダコーヒ本店が立ち現れる、ということである。

◇◇◇時代の同伴者

　では、１９１１年の東京にタイムスリップして、ジャンルの形成をざっと眺めたい。ただ、その前に、この時期日本で生じていた大きな社会的政治的動きをまず簡単に押さえておこう。カフェーと直接関係しているわけではない。しかし、カフェージャンルが成立するとき背景としてどういう動きがあったか見ておくことによって、その後のカフェージャンルの変遷を社会の文脈と関係づけやすくなるからである。

　前年の１９１０年、明治43年のことである。国内的にまた対外的に重要な出来事／事件が二つ起きている。一つは、幸徳《こうとく》秋水《しゅうすい》らの逮捕に始まる大逆事件のフレームアップ。もう一つは、韓国の併合すなわち日本による朝鮮の植民地化である。大逆事件は、森《もり》鷗外《おうがい》や永井《ながい》荷風《かふう》などカフェーと深くかかわることになる文学者に大きな思想的影響を与えた。大逆事件の影響が明確である作品としては、鷗外の場合「沈黙の塔」（１９１０年11月）があるし、荷風の場合は「花火」（１９１９年7月）がある。その後、治安維持法の成立（１９２５年）と強化（死刑の導入。１９

２８年）、共産主義や社会主義の弾圧を経て、総力戦体制へと向かう政権下での市民的自由やカフェー的気分の全面的な変質と抑圧へとつながっていく。

また、朝鮮の植民地化は、東アジアの政治的軍事的緊張を増大させた。翌１９１１年10月、隣国清国で始まり、やがて清国を滅亡へと導く辛亥《しんがい》革命とともに、アジアを激動へと進めていくのだ。朝鮮半島を植民地とした日本は、軍事的侵略を中国に向け開始。太平洋戦争を経て、敗戦。アメリカ軍を中心とした連合国による占領へと至った。現在から見れば、敗戦という出来事へと舵が切られたちょうどその時、カフェージャンルも登場した、と言えなくもない。

カフェージャンルが形成される１９１１年1月には、現在の最高裁判所にあたる大審院が、大逆事件の被告たちに死刑判決を下し、すぐに12名の刑が執行された。この年の春に開業するカフェープランタンは、はじめカフェーリーベルと名付けられようとしていたが、リーベルlibre＝自由なという言葉が、大逆事件後の世間では刺激的であろうということで、プランタン printemps ＝春になったといわれている。

また、フェミニズム・女性運動もこの年に始まっている。6月からの準備を経て、9月には、日本での女性解放運動の出発点、雑誌『青鞜《せいとう》』が創刊される。青鞜の会員たちも、カフェージャンルができ、カフェーの店舗が現れると、そこの利用者となっていった。ただ、やがて女《じょ》給《きゅう》が世間的に注目される中で、カフェーは、別ジャンルを分岐分離させながら、男性的空間へと変容していく。

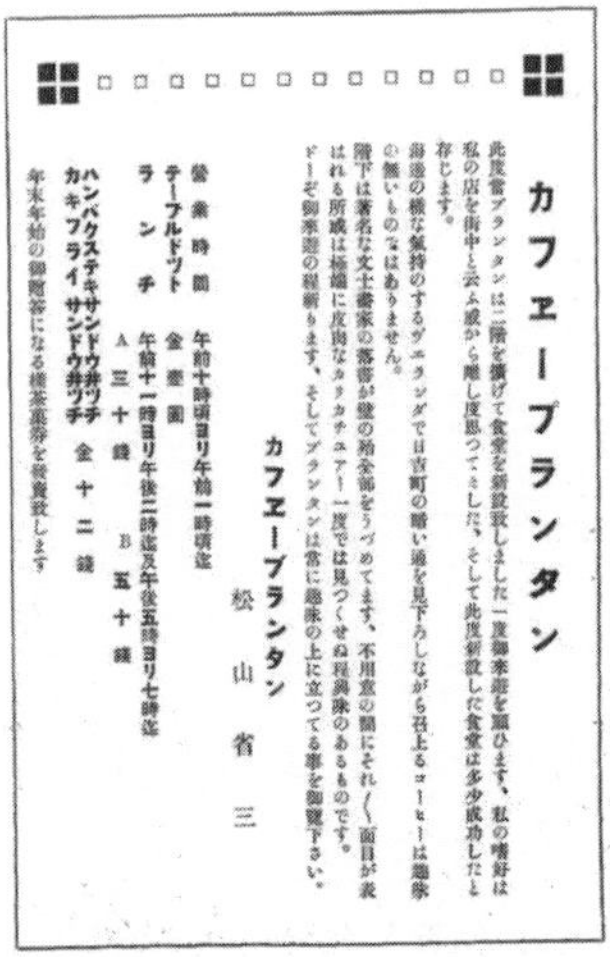

カフヱープランタン

此度當プランタンは二階を擴げて食堂を新設致しました一度御來遊を願ひます、私の嗜好は私の店を街中と云ふ感から離し度思つてゐました、そして此度新設した食堂は多少成功したと存じます。

街路の様な気持のするヴエランダで日吉町の暗い通を見下ろしながら召上るコーヒーは趣味の無いものではありません。

階下は著名な文士畫家の落書が壁の殆全部をうづめてます、不用意の間にそれぞれ面目が表はれる所謂は極端に皮肉なカリカチユアー一度では見つくせぬ程興味のあるものです。

ドーぞ御來遊の程願ります、そしてプランタンは常に趣味の上に立つてる事を御覧下さい。

カフヱープランタン
松山省三

營業時間　午前十時頃ヨリ午前一時頃迄
テーブルドツト　金壹圓
ランチ　午前十一時ヨリ午後二時迄及午後五時ヨリ七時迄
A 三十錢　B 五十錢
ハンバクステキサンドウヰツチ
カキフライ サンドウヰツチ　金十二錢
年末年始の御贈答になる喫茶菓券を發賣致します

雑誌『青鞜』に掲載されたカフェープランタンの広告

つまり、日本の政治的領域では、大正期のデモクラシーの興隆はあるものの、民主制を抑圧する形式がスタートし、東アジア的に言えば、日本の侵略的な政策が力を持ち始め、社会的な側面では、これまでの分断的階層的な構図から平準化の方向へ動き始めた。まさにそのとき、カフェージャンルが発生したのである。

「カフェー」という語の定着

焦点をカフェーに絞ってみる。するとカフェー的な1911年はこう流れていく。

1911年の春、3月または4月に、プランタンが、当時の日吉町に開店した。その場所は、現在の銀座8丁目6番地といわれている。洋画家の松山省三《まつやませいぞう》と平岡権八郎《ひらおかごんぱちろう》が創設者である。顧問格として小山内薫《おさないかおる》がおり、まだカフェージャンルが世間的に確立していなかったこともあって、プランタンを維持する会員、倶楽部会員を募った。当時としては全く目新しいものをやっていけるかどうか不安があったのである。

同年8月8日付の『東京朝日新聞』を見ると、プランタンは「日吉町にある伊太利《イタリー》式料理店」とされ、「主人が一人では資本が出来ず仲間の文士画家を語らひ会社組織にて開業」したと、事情が語られている。

プランタンが新聞記事になる少し前の7月、永井荷風が、銀座を歩きながらカフェーについて思いをめぐらせた。彼はその思いを「銀座」というエッセイへと書き上げる。そこには、カフェージャンルができあがりつつある銀座、ジャンルが明確に可視化する直前の銀座が描かれていた。

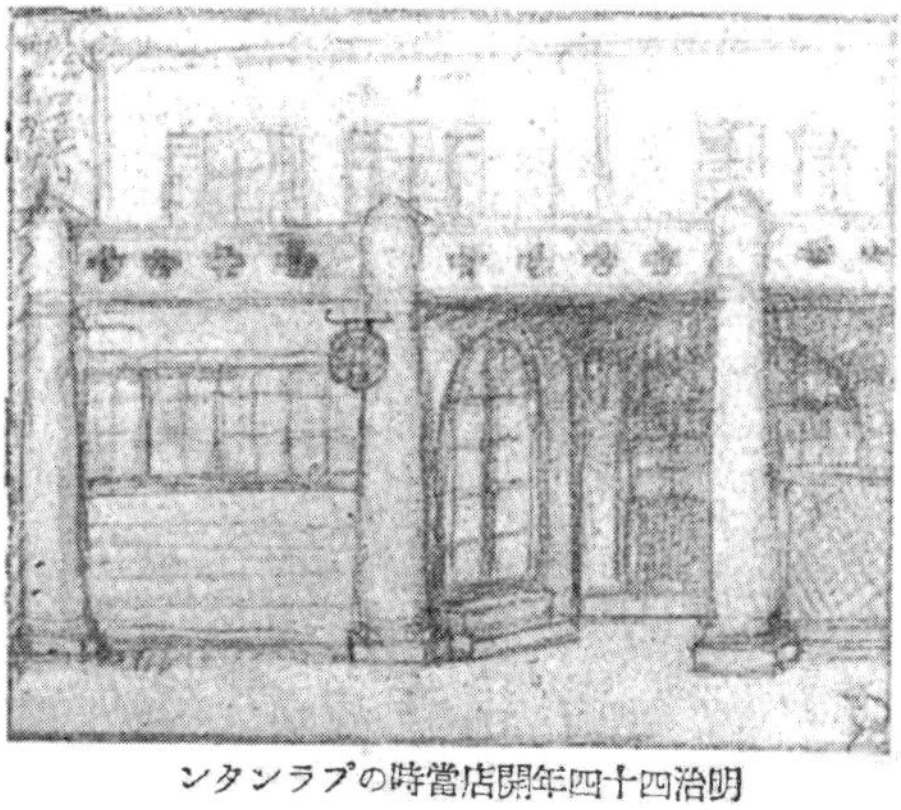

開店当時のカフェープランタン（『平凡』1928年11月号より）

荷風によれば「友達を待ち合したり」「散歩の疲れた足を休めたり」「単に行来の人の混雑を眺める為め」の場所、「最も居心地がよく、些《いささ》かの気兼ねもいらない」場所、それが「Café」である。これは、1910年までは存在せず、「新橋停車場内の待合所」がせいぜいその代用だったという。ところが今（1911年7月）では「日吉町にプランタンが出来たし、尾張町《おわりちょう》の角にはカフェーギンザが出来かかっている」と記した。

カフエーライオンの女給仕。着物に白いエプロン姿は、いまでも「女給」の定番イメージである（『東京朝日新聞』1911年8月28日より）

8月10日、カフエーライオンが、当時の尾張町交差点、現在の銀座4丁目交差点の角に開業した。荷風が「カフェーギンザ」と呼んだ店舗である。明治後半の東京で西洋料理の一流店であった築地《つきじ》精養軒《せいようけん》（以下、精養軒）の経営であり、1階はビアホール的、2階はレストラン的であったようだ。当初の宣伝が行き届いていたのか、開店早々多くの人々をひきつけた。

こうして、カフェーを名乗る店舗が銀座で2軒になった8月27日、『朝日新聞』に「カッフエー」というルポが連載されることになる。筆者は、松崎《まつざき》天民《てんみん》。当時は朝日新聞の記者で、やがて、カフェー、そして銀座の「権威」となり、晩年は、雑誌『食道楽』を主宰する。1927年（昭和2）に発表した『銀座』は、現在でも、カフェーについての基本文献だ。

松崎は、このルポの最後の回（第6回）で、「3軒目」の「カッフェー」を取り上げた。台湾喫茶店である。ここは、1905年（明治38）末にオープンしているのでカフェージャンルができる以前からあった店だ。

松崎の台湾喫茶店についての評価はかなり興味深い。松崎によれば、東京のカフェーは、プランタンとライオンの二つしかない。ではあるが、「台湾喫茶店」は、「カフエーを標榜せずして、カフエー的のお手軽のところ」、「若《も》しカフエーを標榜して盛んにカフエーがるに至らば、欧通の面々随喜して、真のカフエーは此処」だと評価される店であると書く。非常に高い評価だ。

この状況を、ジャンルという視点から見るとどうなるだろうか。カフェージャンルができたことによって、「台湾喫茶店」は「真のカフエー」と再定義された、と考えることができるだろう。松崎はこのルポで「台湾喫茶店」をカフェーと再定義したのである。

12月に入ると、第3のカフェーが銀座に開業する。カフエーパウリスタだ。カフエーパウリスタは、日本人のブラジル移民を手掛けた水《みず》野《の》龍《りょう》が「コーヒ店」として開業している。ただもともとは、水野の移民事業を評価したブラジルのサンパウロ州政府が、コーヒー豆の無償提供と販売権を水野に与え、飲食店ではなく販売会社としてブラジルサンパウロ州政庁専属珈琲発売所「カフエーパウリスタ合資会社」が1910年

大阪・箕面公園入口のカフエーパウリスタの広告
（『大阪朝日新聞』1911年6月24日より）

に設立された。

飲食店としては、１９１１年6月25日に、大阪の箕面《みのお》公園入口に「コーヒ店」をまず開業した。続いて東京の南鍋町《みなみなべちょう》（銀座）に出現したのがカフェーパウリスタだったのだ。

このように、カフェージャンルは１９１１年の夏に銀座で形成された。その後、カフェージャンルは急速に広がり日本の近代文化の必須要素として定着する。さらには、多数の新しいジャンルを生み出して行くのだ。新しいジャンルの代表は「喫茶店」であり、20世紀の終わりに至って登場したのが「カフェ」である、と言うことができるだろう。

ただ、カフェージャンルの形成には、１９０８年末に始まったパンの会という文化運動・文芸運動も重要だった。そこにかかわった若い文学者や美術家が、欧州のカフェーについての知識や観念を受け入れ、日本にまだなかったカフェーを希求したからにもよる。この本では、これからの章で、京都でこの「カフェー」なるものがどのように展開していくかを見るのだが、その時パンの会にも少し触れることになるだろう。

第一章

京都にカフェーが現れるまで

「はじめに」で見たように、東京の銀座でカフェージャンルが生まれたのは、1911年（明治44）である。その年1年間で、個別店舗としては、プランタン、ライオン、パウリスタと3店が新規開業した。また、その前から営業していた台湾喫茶店、そして、メゾン鴻乃巣《こうのす》などが、カフェーと再定義されていった。ただ、それ以前から、欧州のカフェーについての知識や観念、そして、カフェー体験の情報は、日本語文化圏でそれなりに広まっていた。つまり、カフェージャンルは突然何もないところに生じたわけではないのだ。

森鷗外の欧州留学

カフェー情報の広がりにかかわった人物として、森鷗外をあげることができる。鷗外は、1884年（明治17）から88年まで、およそ4年間ドイツを中心に留学した。当然、そこでカフェーに出入りし実体験している。

鷗外は日本陸軍の軍医である。欧州への留学では衛生学や陸軍医事を中心に学んでいた。しかし、文学や芸術にも深い関心を抱き、その方面の知見を広め深めてもいる。

帰国後の1890年、明治23年になって、軍医として勤務しながら、小説を書く。第一作は『舞姫』、続いて『うたかたの記』、3作目が『文づかひ』（1891年発表）だ。ドイツを舞台とする三部作として知られている。いずれも主人公は、日本の将来を背負って欧州留学中の青年であり、ドイツの若い女性との交流が物語られる。

『舞姫』にはベルリンのカフェーが登場する。原文は雅文体で少し難しいが見ておこう。

> 赤く白く面《おもて》を塗りて、赫然《かくぜん》たる色の衣を纏《まと》ひ、珈琲店《カッフエエ》に坐して客を延《ひ》く女を見ては、往きてこれに就《つ》かん勇気なく、高き帽を戴《いただ》き、眼鏡《めがね》に鼻を挟《はさ》ませて、普魯西《プロシャ》にては貴族めきたる鼻音《びおん》にて物言ふ「レエベマン」を見ては、往きてこれと遊ばん勇気なし。

注意していいのは「珈琲店」という言葉で、「カッフエエ」とルビが打たれている。つまりカフェーのことだ。このベルリンのカフェーにいるのが、派手な化粧できらびやかな衣装に身を包む「客を延く女」つまり売春婦。欧州ベルリンの負の風俗を描写している。『舞姫』では、カフェーと「性」との関係が暗示されていた。ただ、物語のうえでは周辺的な場にとどまっている。

ミュンヘンを舞台とする『うたかたの記』では、カフェーの位置づけは一転する。そこで描かれる「カッフェエ・ミネルワ」はストーリーの重要な舞台だ。物語が進むきっかけの場所が、このカフェーであり、小説の幕もそこで閉じられる。「ミネルワ」はベルリンのカフェーとは趣をかなり異にもしていた。

「カッフェエ・ミネルワ」は、欧州で名高いミュンヘンの美術学校の向かいにあった。美術学校に学ぶ「彫工、画工」である芸術家の卵たちは、「珈琲のみ、酒くみかはしなどして、おもひおもひの戯《たわむ》れをしここで交流する。「芸術世界に遊べる」若い人々が集う文化的芸術的空間、自由なサロンなのだ。

ミュンヘンでの鷗外を研究している美留町義雄《びるまちよしお》によれば、実在のカフェーミネルヴァは、芸術家、文化人、ボヘミアンたちが集うヴァービング地区に立地していた。1890年代に入ると、彼らの中から象徴主義、ユーゲント・シュティール、表現主義などの新しい芸術運動が起きていくという。『うたかたの記』は、そうした新興芸術運動の前夜を表現したともいえる。

興味深いことに『うたかたの記』を読むと、「カッフェエ・ミネルワ」に女給《じょきゅう》がいることが分かる。鷗外は次のように描いていた。

> 胸当《むねあて》につづけたる白前垂《しろまえだれ》掛けたる下女《はしため》、麦酒《ビイル》の泡だてるを、ゆり越すばかり盛りたる例の大杯《おおさかずき》を、四つ五つずつ、とり手を寄せてもろ手に握りもち、「新しき樽《たる》よりとおもひて、遅うなりぬ。許したまへ」とことわりて、前なる杯飲みほしたりし人々にわたす

ここでの「下女」が、女給にあたる。「下女」は「胸当につづけたる白前垂」をつけている。美留町によると、カフェー的居酒屋的場で民族衣装風のエプロンをつけたスタイルで若い女性が給仕するというのは、当時のミュンヘン（あるいはバイエルン）独特の習慣だったという。

そのことが、『うたかたの記』でも示されていたことが分かる。

欧州にある、芸術や文化が交わり発酵する空間としてのカフェー、女給がエプロンをつけて給仕するカフェーという観念を、鷗外は、『うたかたの記』で表現した、といってよいだろう。

もうひとつ重要な例がある。

◇芸術運動の場

20世紀に入った年、1901年（明治34）、パリのカフェーに言及するエッセイが、東京の『二六新報』に連載された。岩村透《いわむらとおる》の「巴里の美術学生」である。パリの文化的環境や芸術的事情が扱われているが、その中でカフェーが持つ意味も論じられた。この連載はまとめられ、ほかのエッセイとともに、1903年、芋洗生の名で『巴里之美術学生』として出版される。

耽美派文学の日本での誕生を研究した野田宇太郎《のだうたろう》によれば、当時この本は、文学芸術に高い関心も持つ若い人々や美術学生に多大の影響を与えたという。日本に、そして東京に芸術家が集まるクラブやサロン、あるいはカフェーのようなものが全くない、と嘆いたのがこの本である。野田は岩村を、「初めてパリに於けるカフェの芸術発展に対する役割を日本に教へた人」と評価している。『巴里之美術学生』で、パリと東京が比べられる。こうして東京の非芸術的状況を変えたいという欲求が生まれる。そこから「パンの会」と名付けられたサークルが出現したのだ。

パンの会は、１９０８年(明治41)末に誕生し１９１２年まで続いた耽美主義的文学芸術運動である。この会の中心となって企画運営したのが、木下杢太郎《きのしたもくたろう》(太田正雄)だ。野田は、パンの会の出発点を、『巴里之美術学生』とつなげながら、こう解説している。


パンの会は…東京をパリとして、隅田川をセエヌ川になぞらへ、カフェを求めて、世紀末パリに興つたカフェ文芸運動(文学では象徴派、美術では印象派)のやうな会として出発した。勿論当時の東京にはまだカフェなどなく、ただ西洋料理と称するレストランまがひの洋食屋があるくらいのものであつたが…(『日本耽美派文学の誕生』17頁)

森鷗外も岩村透も、自らがヨーロッパで見聞したカフェーについて語ることで、その情報を、カフェーが不在の日本語文化圏にもたらしていた。もちろんこの二人以外にも同じようなふるまいはあったであろう。こうして、カフェーの知識や情報は、一般の人まで広く浸透したとは言えないが、文学や美術にかかわる先進的な若い人々に強い印象を与えていたのだ。

こうまとめてもよいのではないだろうか。まず、ヨーロッパのカフェーについての情報を、森鷗外や岩村透らがもたらしていた。その情報から、カフェーを求める芸術運動が、木下杢太郎などによって生まれる。その芸術運動の影響を受け、カフェープランタンが松山省三《まつやませいぞう》たちに

メゾン鴻乃巣での『羅生門』出版記念会（1917年）。手前左右の芥川龍之介と谷崎潤一郎のほか、佐藤春夫、和辻哲郎、久米正雄などが見える。カフェーと文学芸術運動のつながりを示す写真と言えるだろう（日本近代文学館所蔵）

より設立される。そして、カフェージャンルが形を成していった。

できてすぐのプランタンに行くことは、当時の若い人々にとって「誇り」であった。特に若い芸術家は、プランタンに行かないことが恥であると考えていた。パンの会に代表される、明治末期の文学芸術運動が、カフェーという場を用意するうえで、ある役割を果たしたのは間違いあるまい。

銀座で、1911年、カフェージャンルが誕生し、やがて全国化してゆく。日本各地で、また、日本が植民地とした地域で、ジャンルは受容され個別店舗が多く作られていく。東京では、銀座はもとより、ほかの地区、たとえば浅草にもできるし、やがて新宿はカフェーの集積地として有名になる。もちろん東京だけではない、大阪に、横浜に、福岡にもカフェー店舗はできていく。

では京都ではどうだったのだろうか。１９１１年前後の京都の状況に焦点を当てて見ていこう。

◇京都の近代化

カフェージャンルが誕生した１９１１年、京都は、日露戦争後の都市改造の動きの中で、「三大事業」を推進し、それが完成する直前、という状況にあった。

「三大事業」とは何か。定説に沿ってまとめておこう。①第二琵琶湖疏水《びわこそすい》（第二疏水）建設、②上水道整備、③道路拡築および市電敷設、以上の三つを指す。特に１９１１年と翌12年から、「道路拡築」と「市電敷設」によって、中心街の都市景観が大きく急速に変貌し始めた。市電路線はその後もどんどん伸びていくので、市電が通るところでは道幅も広がることになる。それに伴って、高いビルも建設されるようになり、街の見え方が変わっていく。要するに、街路景観の変貌、近代化が進んでいくのである。これは、京都近郊の田畑地帯の郊外化と住宅地化を伴ってもいた。

事情は少し複雑だが、市街電車について少しだけまとめておこう。

京都では、日本で初めての路面電車が１８９５年（明治28）２月１日に開通した。伏見線である。その2か月後、木屋町線（七条停車場・木屋町二条間）と鴨東《おうとう》線（木屋町二条・南禅寺間）が開通している。木屋町線と鴨東線は、同じ年の4月1日から7月31日まで開催された第4回内国勧業博覧会の会場、現在の岡崎地区まで、京都駅から人々を運ぶ目的もあって作られた。経営は、京都電気鉄道会社（京電）、民営である。

「三大事業」の市電は、京都市が経営する市営（公営）の路面電車（市電）である。京電が狭《きょう》軌《き》であったのに対し、市電は広軌《こうき》であった。また、京電がほぼ単線であるのに対して、市電は複線であった。１９１２年6月11日に市電が開通したときの路線を確認しておきたい。四条通りは、四条小橋から四条西洞院《にしのとういん》まで。途中は工事中で、壬生《みぶ》車庫前（四条大宮）から千本丸太町。千本丸太町から烏丸《からすま》丸太町。烏丸通りを南下し丸太町から京都駅（七条停車場）まで。という路線であり、その後続々と伸長していった（65頁）。

蛇足ながら付け加えると、市電は、開通当初は、鴨川を渡っていない。目抜き通りである四条の橋は明治期には鉄橋であった。先代の四条大橋は、１９１１年11月に架け替え工事が始まり、１９１３年（大正2）の3月23日に渡橋式が開催されて開通する。これも、京都の中心街の在り方を考えるうえで、重要な出来事である。

カフェージャンルの面から見ると、道路拡築と市電敷設は、カフェーの個別店舗の立地問題と深くかかわる。つまり、カフェーの地理学の基礎であるといえよう。後で見るように、有名カフェーは、拡張された道路に面して増えていく傾向も見られる。

ところで、市電敷設を含んだこの「三大事業」は、京都ではかつて「京都策」と呼ばれていたものの第3弾・第3期にあたる。「京都策」は、京都を近代化するための政策であった。東京への遷都による京都の政治的、経済的、文化的衰退や大幅な人口減少（一説では30％減）に何とか対応しようとして考え出されてきたものだ。そこには、また、「教育」の振興というコンセプトも含まれていた。

「教育」の中でも高等教育や専門教育は、初期のカフェージャンルとつながりがあった。京都でのあるカフェーの客のうち60％は学生、20％は書生や美術家という記録がある（１９１２年）。つまり、8割近くは、何らかの高等・専門教育を学ぶ者たちだった。これは京都が、積極的に、高等教育機関を作り誘致してきたことによっている。

その種の最初は、京都慶應義塾の創設だが、これは、１８７４年から約1年しか続かなかった。しかしその後は、多くの高等教育機関が創設されてゆき、現在も続いている。１８７５年（明治8）に同志社英学校（現同志社大学）、１８７９年に京都府医学校（現京都府立医科大学）、同年、西本願寺大教校（現龍谷大学）、１８８０年に京都府画学校（現京都市立芸術大学）が開設された。やや遅れて、立命館大学の前身、京都法政学校が、１９００年に創立され、大谷大学になる真宗大谷大学は、１９１３年に現在の上賀茂《かみがも》小山に移転してくる。

ただ、カフェーと関連して重要なのは、第三高等中学校（第三高等学校となり、のち京都大学）の大阪から京都への移転（１８８９年）、京都帝国大学の開設（１８９７年）、京都高等工芸学校

（現京都工芸繊維大学）の設置（１９０２年）、京都市立絵画専門学校（現京都市立芸術大学）の新設（１９０９年）である。

年代を見て確認できるように、カフェージャンルが成立するころには、多くの高等教育機関が、京都に存在するようになっていた。このことは、そこで教育研究する教師や美術家、学ぶ学生たちが、京都に多く住んでいたり、京都に通ってきていたことを意味する。

では、京都のカフェーの発生現場に目を向けよう。カフェージャンルが出現した１９１１年の夏ごろ、あるいはそれ以前、京都ではどういうことが起きていたのか、いなかったのか。

京都にも、１９１１年以前から、カフェーについての知識や観念を持つ人間はいた。そのため京都の人々も、地元メディアの中で、その知識などを目にしていた。

当時京都で発行されていた『京都日出新聞』（現『京都新聞』）の１９１０年９月７日号を見ると、文学や芸術とカフェーの関係に言及した記事に行き当たる。教育研究機関が集まる「吉田」（現在の京都市左京区南部、吉田山から鴨川に至る地域一帯の地名）を扱った記事だ。当時、吉田付近には、先に挙げた、第三高等学校、京都高等工芸学校、京都市立絵画専門学校、そして京都帝国大学があった。これ以外にも、京都第一中学、京都市美術工芸学校などもあり、まさしく文教地区だった。

ではその記事「●吉田町だより」を、紙面の劣化のため読めないところなどを省略して、補足しながら現代語に改めてみよう。

▲学校地区に必ずあるものはミルクホールである。それぞれの店では新聞や新刊雑誌を備え、欧米の名画などを額に入れて掲げ、なかなかハイカラである。ヨーロッパではカフェーというものは若い芸術家の集合場所となり、青白い電灯の光の下で強い洋酒を飲みながら談論風発がなされる。こういうことは、本にも書かれているし、ヨーロッパ帰りの人から直接聞くこともある。ヨーロッパでの文学の新しい運動は、豪華な造りの建物の中で生まれるのではなく、むしろカフェーから起きている。

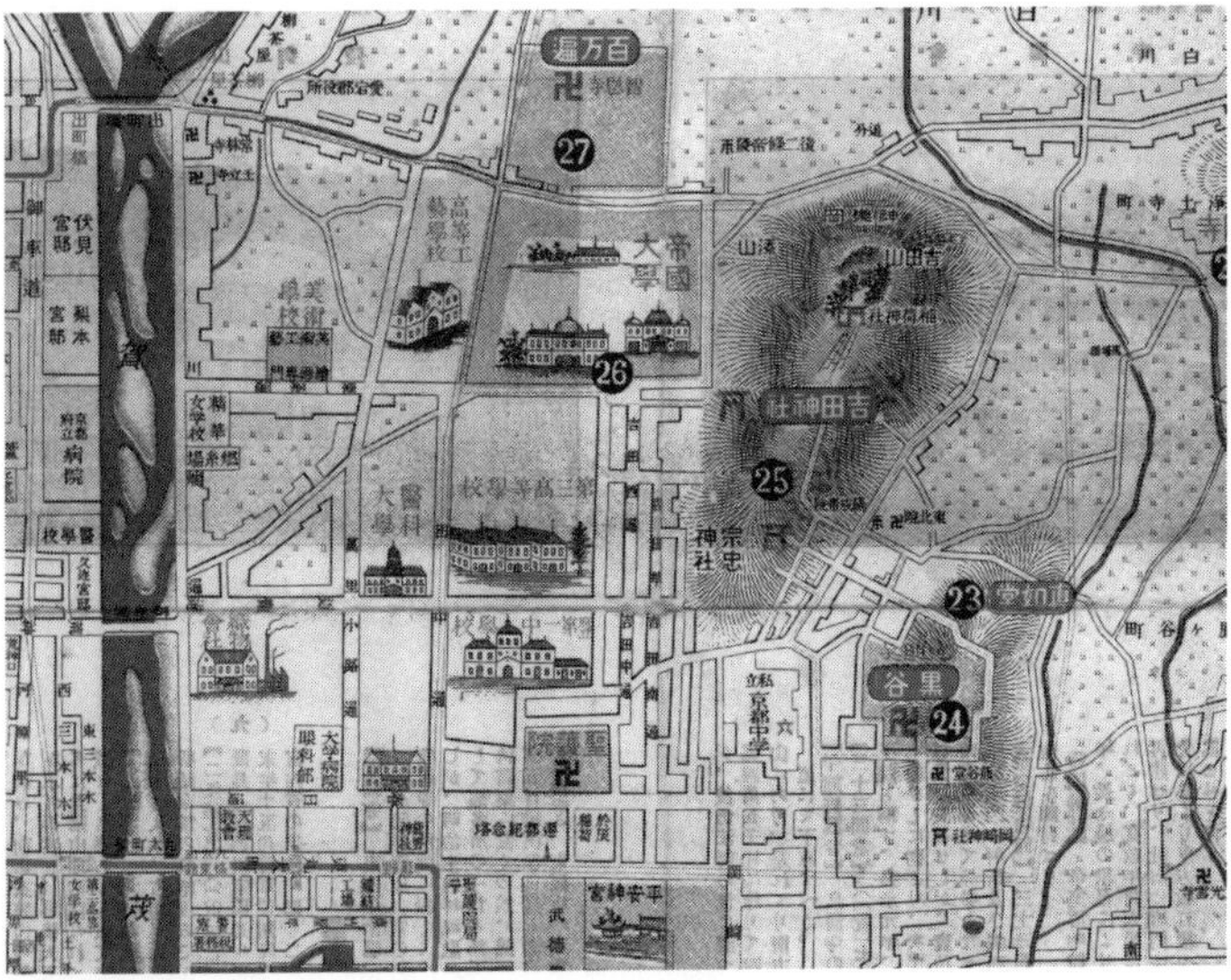

1920年の左京区吉田。第三高等学校、京都高等工芸学校、美術学校、第一中学、京都帝大などが密集している（1920年『最新京都市街地図』より。国際日本文化研究センター提供）

> たとえばウィーンのグリーンシュタイドルというカフェーと文学の関係は大変有名だ。吉田町のミルクホールを、直ちにヨーロッパのカフェーに比較することはできないが、一種の気分が潜在しているとみることもできる。吉田のミルクホールを研究することはすこぶる興味がある、とかつてフランスに遊学していた某教授は語っている

ここで分かるのは、『京都日出新聞』という地方新聞の記事に、欧州で芸術運動や文学の新運動とカフェーが、深く関係していると書かれていることだ。カフェーについての知識や、観念を持つ人が、１９１０年には、京都にいたのである。その知識や観念が、新聞メディアで広められてもいた。また、知識の出所が示されている点も興味深い。一つは書物であり、もう一つが洋行体験の語りなのだ。

第二に興味を引くのは、吉田地区に現実にあるミルクホールが、ヨーロッパのカフェーと並行関係にあるとみなされている点だ。ただ、カフェーはヨーロッパのもので、実際に京都の吉田にあるのはミルクホール、と対比されている。吉田には、ミルクホールしかなく、カフェーはない。つまり、京都、あるいは、日本ではカフェージャンルは成立していない、と捉えられていた。

約2か月後の「●吉田だより」にも、重要な証言を見つけることができた。

これを書いた記者は、こう見ている。

冬の吉田地区は大変さびしいところだ。吉田地区は、新しく開けた街であり、北山時雨が降ったりすると単調な景色となる。高等教育機関が集まるところであるので、「新空気」が漂っているにはいるが、ヨーロッパ文明を鼓舞されている青年学生の情緒精神生活は、こうしたところでどうなっているのだろうか。

こう論じてから、記者は次のような見解を示す。

> 吉田町には未だ数人相寄りて自由に会話をなし得るカッフエだになし

代わりに新京極に行ってしまう学生が多い、と嘆く。カフェー的なものは、待望され必要と考えられていた。にもかかわらず吉田町にはカフェーが一つも存在していなかった。ここでもカフェーの不在が示されていた。ところで、1910年12月4日号の『京都日出新聞』に載った「J生」のエッセイ「断片」には、なかなか興味深いことが書かれている。現代語訳で見てみる。

この間、友人のルンフが、ベルリンの「カッフエ」から、数人の寄せ書きのある絵葉書を

村上華岳筆「二月の頃」（1911年、京都市立芸術大学芸術資料館所蔵）
吉田山から銀閣寺の方角に向いた眺望を描いている。カフェーがないと嘆かれる吉田周辺には、まだ田園風景が広がっていた

送ってきた。それを見たときほど僕は、ルンフのボヘミアンライフにしみじみと思いを寄せたことはない。寄せ書きの中にはこういう表現があった。

「ああ人間自然の情緒よ」

「アブサンに中毒したる女よ」

若い芸術家は、花々しくて、羨ましい。

ここでもベルリンのカフェーが登場している。ただ、注目してもらいたいのは、著者「Ｊ生」の友人、「ルンフ」である。ボヘミアンであり、このときはドイツにいることになっている。この「ルンフ」であるが、パンの会にも深く関係したフリッツ・ルンプのことではなかろうか。

野田宇太郎によれば、フリッツ・ルンプは、第一次世界大戦までドイツの植民地であった中国青島《チンタオ》から、木版画や錦絵などを研究しに来た若いドイツ人芸術家であった。１９０９年（明治42）ころ、伊《い》上凡骨《がみぼんこつ》に弟子入りしている。その後、『読売新聞』の１９０９年10月26日号によれば、10月23日に松本楼《まつもとろう》で、パンの会がルンプの送別会を兼ねて開催され、27日に帰国の途につく、とされている。１９１０年の段階でベルリンのカフェーにいてもおかしくはない。

繁華街の喫茶部／文教地区のミルクホール

ルンプ／フリッツ・ルンプを介してパンの会は京都とつながりを持っていた可能性があるが、東京のパンの会との並行現象も見られた。１９１０年12月23日付の『京都日出新聞』の記事を、少し補いながら現代語で引用しよう。

日本画や洋画の若手芸術家の雑談会が、おとといの晩、先斗町《ぽんとちょう》のある店の離れ座敷で開催された。出席者は、土田麦仙《つちだばくせん》（僊）、小野竹喬《おのちっきょう》、樫野南陽《かしのなんよう》、秦輝男《はだてるを》、福本古葉《ふくもとこよう》、杉浦香浦、田中善之助《たなかぜんのすけ》、黒田重太郎《くろだじゅうたろう》、新井謹也《あらいきんや》、津田青楓《つだせいふう》、田中喜作《たなかきさく》の11名。会の名前は「黒猫会（シヤノアル）」とつけたそうだ。
▲ところで、この「シヤノアル」にはなかなか皮肉な由来がある。フランスはパリの魔窟《まくつ》モンマルトルに、「シヤノアル」という屋号のカフェーがある。かつてそこは「ルドルフ・サリス」という男の住むところだった。彼は、画家を目指していたが親の許しを得ることができず、「シヤノアル」という「銘酒屋」を開店し、絵描きや詩人をめざす世間からはみだした若い変人たちを集めていわゆる「シヤノアル連」を作った。「シヤノアル」という雑誌も発行し、大いに天下の注目を浴びた。そのことが面白いというので、若手芸術家たちは自分たちの会に「黒猫会」とつけたのである。

この黒猫会は、京都の若手美術家による運動体であった。黒猫会や、のちに生まれる仮面会の運動をどう位置づけるかに関して關千代《せきちょ》による興味深い指摘がある。

關は、「黒猫会（しゃのある）・仮面会（るますく）は、明治末年の京都に興った小集会で、大正期に華やかな活動をした国画創作協会の前駆的意味をもつ」とまず指摘する。その上で、両会は「近代日本美術史の上で、西欧との交渉に於いても一つの興味ある関連性を示していて意義深い」と評価している。「これらの会に共通する頽廃的で、耽美的傾向は、十九世紀末葉パリに興った所謂《いわゆる》カフェ文学運動に極めて似かよって」いるからだ。關は、黒猫会を欧州のカフェ文学運動の京都における「小さな余波」である、と表現した。

まだカフェーはない。しかし、黒猫会という欧州カフェ文学運動の「小さな余波」は、１９１０年12月に、京都へも伝わっていた。

この「小さな余波」の中にいた秦輝男（テルヲ）という名前は記憶しておいてほしい。彼は、京都における初期のカフェーの展開で大きな役割を果たすことになる。

とはいえ、１９１０年末、カフェージャンルもカフェーの個別店も京都では成立していない。１９１１年5月18日に「中木生」が「警鐘」という真面目半分ふざけ半分の文章を『京都日出新聞』に投稿した。三大事業の市電開通を目前に控えて、京都発展策に少し口を挟もうとしたらしい。「中木生」は「カッフエー」を開設することも「発展策」の一つになる、としている。ただ、外国人専用だと引き合わないので、京都市民もどしどしカフェーに行かないといけない、そのためには、まず、京都市民の趣味の向上が必要だと、皮肉な論調だ。

内容はともかく、重要なのは、当時、京都にはカフェーはない、と思われていたことだ。東京にプランタンが生まれ、そろそろカフェージャンルができるぞ、というとき、京都にはカフェージャンルやカフェーはまだ見当たらなかった。

ここまでをまとめるとこうなる。１９１０年までには、京都の新聞にもカフェーについての情報は載るようになっていた。実際のカフェーはなかったが、カフェーが、文学や芸術の展開する場であるという認識や言説も、ある程度知られていた。他方、ミルクホールはあった。特に京都帝国大学、第三高等学校などが集まる文教地区「吉田」では、学生の集まる「場」になっていたといえよう。１９１１年5月までこの状況は続いていた。

１９１１年の11月17日、「小生は近頃朝風呂が第一の好物」になった、という出だしで始まる、かなり長い書簡体のエッセイが『京都日出新聞』に掲載される。表題は「大阪の一友へ」、著者は「てるを」。京都におけるカフェー史を考えるとき、特に重要なエッセイである。

著者「てるを」は、洋画や日本画の状況に言及していることからも、黒猫会の会員だった秦テルヲであろう。彼は、大阪の友人に自分と京都の近況を書き送るという体裁で、京都批判をも展開する。

ここで注目したいのは、「てるを」が、カフェーに言及していることだ。映画館が京極に盛んに新設されている状況を語りながらさらにこう述べている。これは原文で見ておこう。

其内で寺町にカツフエーの出来たしかし其《それ》とてもパリーあたりにありときくカツフエーの如く美人が居るでもなくデカダンな空気とは没交渉の云は〆殺風景な茶店に過ぎず小生如き激しい色と強い線に憧がれ居るものには兎《と》ても満足の出来ざるものにて先づ大学の倫理教授が奥様や小供を連れてハイカラ風を吹かすのに都合好き位いのものにて候、それから思へば吉田のカツフエーにはウヰスキーもあればブランデーもあり日本酒もある丈《だ》け面白味も有候殊に室内には有難涙の出る様な油絵が二枚も掛けあるなど誠に興を殺《そ》ぎ申候

「てるを」は、京都の「寺町」にカフェーができ、「吉田」にもある、と言っている。寺町通りは、当時の京都では、第一の商店街・繁華街だった。吉田は、見てきたように、文教地区である。

ではこの二つのカフェーは実際何であったのか。

「寺町」のカフェーとは、寺町二条の西南角にあった、老舗和洋菓子屋の鎰屋《かぎや》の喫茶部のことである。同じ年の12月に、拡築された寺町の店舗を紹介する記事が

寺町二条の鎰屋の広告（『京都日出新聞』1911年5月6日より）。鎰屋の創業は1696年（元禄9）という。

鎰屋の外観。2階が喫茶室だった。のちに触れるが、鎰屋は三高生が愛用するカフェーとなる（『京都日出新聞』1926年2月19日より）

『京都日出新聞』に載る。そこでは、「階上に京都随一の喫茶部が出来て『カギヤカフエー』の名は新しい人々の口に能く上る」と紹介され、カフェーと位置づけられていた。

「吉田」のカフェーとは何か。翌年2月15日の『京都日出新聞』によれば、「神楽阪下南入る」にあるという。現在の聖《しょう》護《ご》院《いん》東町あたりで、吉田東通り沿いにあったと推定できる。当時の経営者は、中川長三郎。もともとはミルクホールだったが、学生たちの支持を受けカフェーへと発展した店舗のようだ。

ヨーロッパのうねりの「小さな余波」に浮き沈みしていた「てるを」が、東京でのカフェージャンルの成立を知って、京都にあった喫茶部とミルクホールを、カフェーと再定義したのである。

かくして、1911年の11月、京都にも、カフェーが2店舗、「てるを」による再定義を経て成立した。これが京都のカフェーの起点であり、起源なのだ。

第二章　初期の京都のカフェー

1912年（明治45）4月20日、谷崎潤一郎は、京都へ向けて東京を出発した。谷崎にとっての初めての京都訪問である。『東京日日新聞』の依頼で、京阪の見聞記を書くためだった。名古屋に一泊し京都に入ったのは、翌21日のことである。

4月27日から『大阪毎日新聞』と『東京日日新聞』に連載された谷崎の京都見聞記「朱雀《すざく》日記」によると、京都着は午後2時ごろであった。京都駅から、土砂降りの中、人力車で三条御《ご》幸町《こまち》角にあった大阪毎日新聞の京都支局へと向かった。途中「電車路を取拡げてゐる四条」通りを渡り、京都の「三大事業」の終了間際の姿を、そうとは自覚せずに書き残している。

大阪毎日京都支局に到着すると、支局の「春秋《はるあき》さん」が、ともかく昼食をとろうという。「春秋さん」は、当時開店して半年もたっていないフランス料理屋へと谷崎を招待した。

> 案内されたのは、麩屋町《ふやちょう》の仏國料理萬養軒《まんようけん》と云ふ洋食屋である。近来京都の洋食は一時に発達して、カツフエ・パウリスタの支店までが出来たさうな。此処の家もつい此の頃、医者の住居を其れらしく直して開業したのだが、中々評判がいゝと云ふ。矢張日本造りの畳の上へ敷物を布いて、テーブルや椅子が置いてある。五坪程の奥庭に青苔が一面に生えて、石燈籠《いしどうろう》の古色蒼然《こしょくそうぜん》たる風情など、洋食屋には少々勿体ない。

谷崎は、「仏國料理萬養軒」を「洋食屋」と捉えていた。たぶん「春秋さん」あたりから聞いたことなのだろう、最近、「京都の洋食は一時に発達」していると当時の景況も記録している。同時に「カッフエ・パウリスタの支店」にも言及しているところを見ると、洋食屋とカフェーは似たもので、洋食を食べるという点で同じ種類、と考えていたようだ。6年後にも谷崎は、自分は「西洋料理を食ひに行く事になるから、カフエエの御厄介になる事が多い」と語っている。同じ理解の仕方だ。

◇◇◇ハイカラな女給仕

「朱雀日記」は5月中に中断するが、それに続くかのように、京都の地元紙『京都日出新聞』が、ズバリ「京都のカフヱー」という記事を掲載する。これは、京都のカフェー史の出発点の記録であり、少し詳しく紹介したい。

やや難しいかもしれないが、原文を見ておこう。

> 近頃京都市内にも追々と東京の真似をして学生や文士や美術家や新聞記者相手のカフエーが出来て来た曰くカフエー、カギヤを始としてカフエー、ヨシダにカフエー、パウリスターキヨウトにカフエー、ミヤコなどである△其の中二条寺町角にあるカフエーカギヤは最も良い場所を占領してゐるのでカフエーミヤコのやうに芸妓《げいこ》や舞妓《まいこ》の出入はなく学生や文

士が多いがこのカフエーカギヤも最う少し発展策を講じてカフエーヨシダのやうに三田文学、早稲田文学、中央公論、スバルなど文芸雑誌の外に色んな雑誌を備へ付けをして欲しい△カフエーカギヤには若い女がゐる単にカギヤのみに止まらず何所のカフエーにも艶の良い江戸ッ子の女がゐるがパウリスターの方は何うしても年増女で客に対する応接が下手いと言つてカギヤにも余り学生仲間で八釜敷く言はれる女もなささうだ△カギヤのカフエーメードの言葉になると毎日お越しになるお客は平均百人、其の中大別して見ると学生が六十人で二十人が訳の判らぬ書生や美術家など、商売人と番頭などが十人、会社員が十人で新聞記者も其の中であるげな△同じくカギヤのカフエーメードの話しに依ると同じ学生でも三高が多く三高の生徒に限つてプリンやアイスクリームを好むとのことである

1912年6月10日の記事だ。ちょうど市電の運転開始を翌日にひかえていた。

内容を読んでまず分かるのは、京都のカフェーは4軒だった、ということだ。「カフエーカギヤ」「カフエーヨシダ」「カフエーパウリスターキヨウト」「カフエーミヤコ」である。「カフエーカギヤ」は、「二条寺町角」に所在するので、鎰屋茶寮のことであると判断できる。「カフエーヨシダ」は、テルヲが「大阪の一友へ」の中で触れた「吉田のカツフエー」と同じものと思われる。とすると、所在は、現在の聖護院《しょうごいん》の東であった。「カフエーパウリスターキヨウト」は、谷崎が「朱雀日記」に書いた「カツフエ・パウリスタの支店」であろう。現在の

京都市役所の近く、御池《おいけ》通りより北で寺町通り沿いにあったとみられる。「カフエーミヤコ」は、ほかの新聞記事では高瀬川《たかせがわ》沿いにあるとされているが、所在の詳細は不明である。ただ、「芸妓や舞妓の出入」があるようで、祇園や先斗町《ぽんとちょう》に近いところと思われる。こうしたカフェーが、「東京の真似をして」でき、「学生や文士や美術家や新聞記者」をターゲットとして営業していた。

立地にはちょっとした特徴を見いだせる。東京で、カフェーの出発点は、銀座であった。銀座にまず3軒登場するわけだが、京都の場合は、寺町の二条から三条にかけてに2軒ある。当時寺町通りも拡幅され、近代的都市の繁華街・商店街となっており、メインストリートであった。ほかは学生街、もう一つは花街の近く、となる。

これは一般化できる傾向かもしれない。カフェーは、繁華な街（メインストリート）、学生街、そして、花街の近くに現れやすかった。

また、「カフエーカギヤには若い女がゐる」と書いてあるが、もちろん客のことではない。続けて「単にカギヤのみに止まらず何所のカフエーにも艶の良い江戸ツ子の女がゐる」として、女性の給仕がカフェーの必要条件であるかのように論じ、そうした女を「カフエーメード」と呼んでいる。いまカフェーといえば、たいてい女給とセットでイメージされる。この記事でも女給的な存在、女性の給仕が注目され、カフェーの重要アイテムと捉えていた。しかし、まだ、「女給」というワードはなかった。

残念ながらここでいう「カフエーメード」がどういうスタイルだったか、また、どういう様子や雰囲気だったのかということはこの記事だけではっきりしない。ただ、同じ年の年末、『京都日出新聞』に「●女!女!」というシリーズが連載され、「▽ホールの女」の物語が語られた。そこには参考になる記述がある。

この記事の筆者「あの字」によれば、「近来は旧思想に富む京都にも大分洋食屋だのカフエーだのミルクホールだのが出来て食倒れの大阪にもやや劣らぬやうになつて来た」という。先の谷崎の見立てと重なる点があり興味深い。

「あの字」は、洋食系の飲食店として特にビアホールを取り上げる。個別店名として列挙されているのは、「南洋軒、三寶亭、東洋亭、日洋軒、萬養軒、紅葉、梅月、都、明陽軒、元禄、中央館、カフエーミヤコ」である。カフエーミヤコも「あの字」はビアホールに分類している。東洋亭や萬養軒が含まれているのも興味をそそられる。

こうした「ホール」や、加えて「牛肉屋」には、「ホールの女」が2、3人から、多いところでは12、13人いる。月給は安いが、「ポチ」つまりチップでかなり稼ぐことができていた。「あの字」は、「ホール」の一つに「エプロンスタイルのハイカラな女」がいることを発見し、彼女が「新しい女」という言葉を口にするのを聞く。それだけではない。当時「何店《どこ》のビヤホールへ行つても髪をハイカラに、香水の匂ひでもプンと漂よはせたエプロンスタイルの若い給仕女が三人や四人は居」たという。

ここからは、京都のカフェーなどの洋食屋的な店には給仕女がおり、その給仕女の一部に、香水をつけハイカラな髪にエプロン姿の若い女性もいたことが分かる。ただ、「女給」という言葉や類型は、まだポピュラーなものではなかった。1912年に数え上げられた京都の4軒のカフェーの「メード」たちも、この指摘と重ねて考えておいてよいだろう。「エプロンスタイルのハイカラな」「メード」もいたに違いない。

三高生のたまり場・カギヤ

では、もう一度「京都のカフヱー」に戻ろう。

そこに示されたカフェー利用客についての情報も興味深い。第一章でも紹介した「カフエーカギヤ」の客筋が数値化されていた。平均客数が100人、うち、60人は学生、20人が書生や美術家、10人が商売人や番頭、残りの10人が新聞記者も含めた会社員、となっている。若い学生が客の中心であった、ということだ。

また、鎰屋茶寮が特に三高生に人気であるという点は、伝統的に残っていくことになる。

1919年（大正8）9月から1924年3月まで三高に在学し、のちに小説「檸檬」を発表する梶井基次郎は、友人の中谷孝雄《なかたにたかお》などと鎰屋茶寮によく出入りしていた。梶井と中谷が友人となったのは、入学直後、寄宿舎で同室だったからだ。後年『キネマ旬報』同人となり映画評論家として有名になる飯島正《いいじまただし》も同室で、中谷によると毎日のように映画を見に行っていた。

神戸や大阪までも足を延ばしていたらしいが、京都では新京極《しんきょうごく》に映画館が集中していたので、飯島はよく新京極へ出かけた。飯島によれば、映画館からの帰りの道筋はこうなる。

新京極の帰りは、いまいったさくらゐ屋で三条通に出ると、こんどは寺町を北上する。そして東からくる電車（京電）が寺町通りにはいってまがる所に、鎰屋という洋菓子屋があって、金のある時は、その二階でコーヒーをのむのである。鎰屋は三高生が寄る唯一のコーヒー店だった。綺麗なメッチェン…がいて、彼女目当ての三高生もすくなくなかった。それから寺町通りを上り、第一高女（現在の鴨沂《おうき》高校）のあった御所のワキを通り、

カフェーにて。学生帽の形状から、京都の三高生たちであろう。昭和初期と推定される（個人蔵）

出町橋に出て、吉田山にかえる。

この追想からは、1920年代はじめにも、鎰屋茶寮と三高生との間には強いつながりがあったことが分かる。

1931年4月から1936年3月まで三高に在籍し、結局卒業できなかった織田作之助《おださくのすけ》も、ここ鎰屋茶寮を使っていた。織田の場合は多くのカフェーや喫茶店を居場所として利用していたらしい。鎰屋もその一つだったのである。ただ、鎰屋が織田との関係で記憶されているのは、ここがある論争の舞台となったからだ。

1934年（昭和9）の1月、三高文芸部の機関誌『嶽水会雑誌』114号を巡って、ひと悶着あった。野間宏《のまひろし》の作品を織田が「ダメだ」つまり没にしろと主張したことに端を発している。その日は合評会で、鎰屋茶寮で開かれていた。野間と一緒に出席した富士正晴《ふじまさはる》が、野間の作品のどこが「ダメ」なのかと詰め寄り、織田との間で一触即発の激しい論争が勃発した。その場には、織田の同期の青山光二《あおやまこうじ》のほか、三高の教授で文芸部の面倒を見ていた山本修二《やまもとしゅうじ》や伊《い》吹武彦《ぶきたけひこ》も同席していたという。

このように1930年代の半ばになっても、鎰屋茶寮は、三高生に、サロン的場を提供していた。1912年の客筋の伝統は、戦前いっぱい続くのである。

さて、お分かりのように、初期のカフェーの客は、京都では、ほぼすべて男性だったように読める。ほのめかされている女性客は、芸妓や舞妓、つまり当時の認識では玄人《くろうと》であり、「一般」の女性客への言及はない。

松崎天民のルポ「カッフェー」を見ると、初期の東京のカフェーでは、家族連れも見られれば、浴衣《ゆかた》に廂髪《ひさしがみ》の女の客もいたことが分かる。とすると、京都においては、客にジェンダー的に大きな偏りがあったわけだ。

ただ、同時代の『京都日出新聞』のコマ絵には次のようなものが見つかる。

「カフエーの夜」は、明らかに一般の女性客で、描かれたテーブル上には、何か一品とコーヒーを注文した形跡が見られる。「アイスクリーム」と題されたコマ絵の場合も、椅子とテーブルの感じからカフェーの室内と思われる空間に、一般の女性客が

「カフエーの夜」（『京都日出新聞』1912年7月8日より）

「アイスクリーム」（『京都日出新聞』1912年7月22日より）

いるという図だ。どちらも鎰屋茶寮の室内ではあるまいか。

コマ絵からも分かるが、少数ではあるが、若い女性客も京都のカフェーを利用していた可能性はあるのだ。

ただ、こうしたカフェーを苦々しく見ていた人もいた。１９１３年7月26日の『大阪朝日新聞　京都付録』の「●屑籠」という欄にはこう書かれている。

▲カフエー、子《ネ》コとかカフエー、シヤクシなどといふ毛唐《けとう》臭い店が矢鱈に出来る、東京なら知らぬ事茲《ここ》は京都ですよ、一体京都人は京都を何処《どこ》と思つて居るんだ

東京に象徴される西洋化と近代化の流れ、その流れの具体的あらわれであるカフェーが、「伝統」の地京都にはびこることを良しとしない感性も力を持っていたということであろう。

市電とひろがるカフェー

京都の近代化は、１９１２年6月11日にスタートした市電路線の伸長とそれに伴う道路の拡幅で新しい相に入った。市電路線の拡充という面では、１９１３年（大正2）の8月5日に、第一期の計画が完成している。京都市の真ん中、烏丸通りを北上する烏丸線を中心として、南

北に3線、京都の商業や経済の中心となってゆく四条通りを直進する四条線を中央において、東西に4線の市電、そして、複線の市電を通す広い道路ができたのである。

こうした都市交通機能の近代化に伴って、カフェーも増殖していく。１９１４年には、京都のカフェーの初期展開を再構成するうえで、またとない貴重なルポが発表された。1月25日から2月12日まで、14回にわたり『京都日出新聞』に連載された「カフエー巡《めぐり》」である。記事内容のポイントは、表にもまとめてみた（67頁）。

紹介されたカフェーは13軒、ルポはないが名前があげられているカフェーは6軒、合計19軒のカフェーが、この時点で京都にあったことが分かる。著者の「井の字」あるいは「井生」は、ルポの最終回で、新しく2、3軒開業するということも聞いているが「京都の現今のカフエーはこれまでに書いた様なもので其の総《すべ》てを尽した」と筆をおいている。自信過剰のところはあるにしろ、当時京都にあったカフェーのかなりの部分を記録したことは間違いないだろう。ただ、吉田地区や同志社近くに足を延ばしていない点は少し気になる。

京都のカフェーは１９１１年11月には2軒、１９１２年6月には4軒特定された。では、それ以降の展開を「カフエー巡」でたどってみよう。

19軒のカフェーのうち開業の時期が記載されているのは、12軒である。そのうちカギヤカフェーは、記事によると「京都カフエーで一番最初にできたので明治四十一年の十月、現今の様に寺町通りが拡築されぬ以前からカフエーを営業して居た」という。他の資料でのチェックは

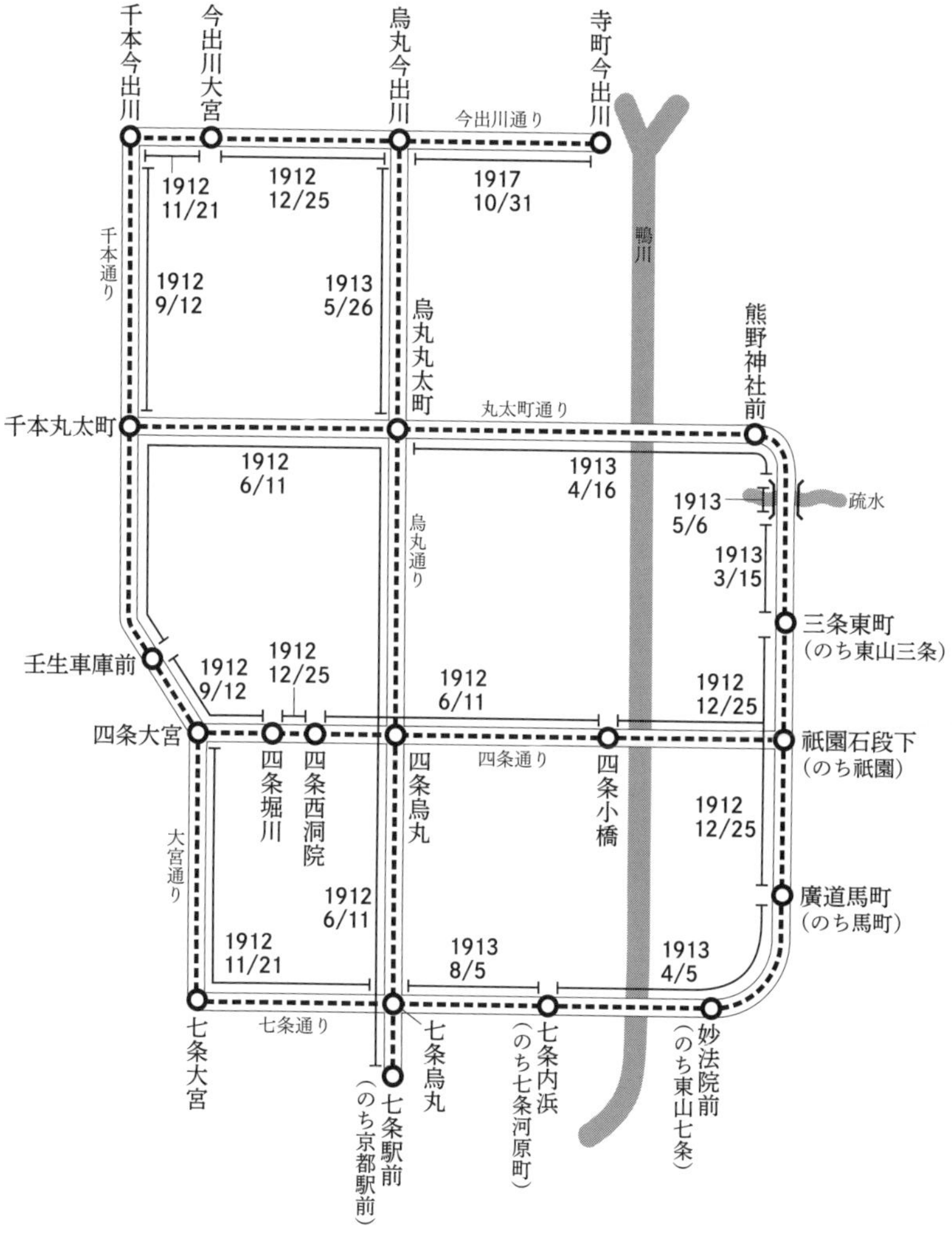

1912～1913年に拡充した市電路線図（年月日は路線の開通日）。
市電が通ると、その周囲に新たなカフェーが次々と生まれていった

できていないが、１９０８年10月にスタートしていた、ということである。

　次に登場したのは、中村屋の酒場《バアー》で、１９１２年７月、３番目がギオンカフェーで、１９１２年11月であるという。その後１９１３年に開業が８軒、１９１４年ルポが連載されている最中の開業が１軒だった。開業年が分かっているもので言うと、66％は、１９１３年スタートであり、この年が、カフェー増殖の一つの頂点だったことが分かる。

　立地についても、このルポから特色が見えてくる。19軒すべて、どこにあったかが分かるが、四条通り沿い、御旅町《おたびちょう》から祇園石段下《いしだんした》までが７軒、新京極が４軒、寺町通り沿い、二条通りから御池通りまでが２軒、烏丸通り沿い、丸太町通りから二条通りまでが２軒、円山公園、今出川大宮、吉田地区がそれぞれ１軒、不定が１軒となっている。カフェーの37％、４割近くが四条通り沿いに存在していた。

　市電という視点からも考えてみよう。そうすると、市電沿いに10軒あることが分かる。京電はといえば、二条寺町角の鎰屋の前を走るだけだ。京都のカフェーの過半数は市電沿いにあった、ということになる。市電の整備は、１９１２年から始まり翌年にほぼ第一期が終了するが、カフェーは市電とともに京都にやってきた、と言えるだろう。市電は京都近代化の象徴であるが、カフェーもまた、この時代、同じ意味を担っていたのである。

　営業形態の特色も見いだせる。過半数の11軒は、独立した個別店舗のように思われる。ただ面白いのは、５店舗は、支店という形式で営業して居ることだ。祇園石段下にあった中村屋の

NO.	カフェー屋号	所在	開業年月日	評判・客筋など
1	中村屋の酒場《バァー》	祇園石段下（市電沿い）	1912年7月	中村楼の客が多い
2	カフエーオタビ	四条通南側（市電沿い）	1913年7月中旬	京都のカフエーで一番繁盛
3	カフエーメンデル	四条通縄手東入る北側（サルン西隣）	1913年8月中旬	平凡なカフェー。客は大学生など
4	温室内サルン（京都農園の温室内サルン）	四条通縄手東入る北側（市電沿い）	1913年夏、メンデルと前後して開店	2階が温室南洋植物テーブル。カフエーとすべきか悩ましい
5	萬養軒（麩屋町本店の支店）	南座の芝居茶屋柳屋と並ぶ（市電沿い）	1913年年末	本家を贔屓とする京都の一流人、外国人
6	ギオンカフエー（東洋亭の支店）	四条縄手東入る（市電沿い）	1912年11月	以前より人気は不振
7	キヤウト	第二新京極八千代館向い	1913年6月	構造は京都のカフエーで一等立派。勘定書方式。夜早く閉じる
8	カギヤ（鎰屋茶寮）	寺町二条角（京電沿い）	1908年10月開業、1911年暮れ改築	一時カフエーといえばカギヤを指した
9	梅洋軒	烏丸二条上る東側（市電沿い）	1913年年末	
10	マトー	新京極花遊小路突当り	不明	全て二銭安いのが特色だが、不味いので店の不振も当然
11	ミス	烏丸丸太町角（市電沿い）	1913年8月15日	好設備。三高・同志社の学生、秦テルヲ、野長瀬晩花ら洋画家
12	タワー	移動カフェ	1913年11月円山→文展時岡崎公園→高雄→永観堂→1914年正月は石清水八幡宮	京都のカフエーで最も特色あるカフエー。日本で唯一の考案・構造
13	菓富榮塩路《カフエシオジ》	今出川大宮東（市電沿い）	不明	テルヲの油絵や衝立がある
14	おふくの酒場《バァー》	新京極	古い・不明	
15	カフエー彌生	明治座前・新京極	不明	
16	トラヤ茶寮	四条末広小路（市電沿い）	不明	
17	カフエー五雲	円山公園	不明	
18	カフエーパウリスタ	寺町通市役所前・寺町御池上る	不明	最近は誰も行かない。昨春ごろ（1913年春）は盛んで、良い洋酒を飲ませた
19	カフエーゴテン	聖護院御殿東手（吉田近辺）	1914年初め	

「カフエー巡」に登場する京都のカフェー
（『京都日出新聞』1914年1月25日〜2月12日までを元に作成）

酒場《バアー》は、料亭の中村楼が開設したバーで、中村楼に行く前に洋酒をここで飲む客がほとんどという場であった。当時中村楼は、洋食でも売り出していたとされている。この中村屋・中村楼は現在の二軒茶屋中村楼である。

萬養軒も南座に支店を出した。1913年に南座は大改築を終えるが、その時まだあった芝居茶屋柳屋と一緒に入ったのが「川端萬養軒」だった。本店もこのときは、創業の地麩屋《ふや》町《ちょう》錦《にしき》上がるにあった。またギオンカフェーは、河原町三条南に本店がある西洋料理店東洋亭の支店だった。

ルポでは取り上げられないが、最近は「やってるでもなしやらぬでもなし」「此の頃は誰も行かぬ様だ」と書かれたカフェーパウリスタもこの形態に数えることができるかもしれない。銀座のパウリスタの正史には出てこないが、谷崎はここを支店としており他の記述にもあるのでとりあえず入れておきたい。

やや特別なものとしては、「温室内サルン」がある。これは飲食系の店の支店ではない。当時右京区の花園《はなぞの》にあった、西洋野菜などの農場、京都農園の支店である。やがて屋号店名は「農園」とか「ノーエン」になり、現在は、創業の地から少し移動して四条花見小路《はなみこうじ》南西角で営業している。

もう一つ特徴的なのは、菓子屋が開いている茶房系のカフェーが3軒見られることだ。すでに何回も登場したカギヤカフェー＝鎰屋茶寮は、元禄時代から続いていたとされる老舗和洋菓

記事中に掲載された「温室内サルン」（『京都日出新聞』1914年1月31日より）

子店の喫茶部である。今出川大宮にあった菓富栄《かふえ》塩路《しおじ》は、当時、西陣の菓子屋として有名店であった塩路軒の喫茶室であった。確証はないのだが、トラヤ茶寮は、とらや京都の喫茶部ではあるまいか。

このように、京都のカフェーの場合、西洋料理店の支店や和洋菓子店の喫茶部という形態で初期には展開したところもあった。東京で言えば、カフェーライオンが精養軒《せいようけん》の経営であった、あるいは資生堂がソーダフォンテインを設けたのと似た構図といえよう。

さて、ここでも、カフェーとセットにされる女給を見る必要があるだろう。強調しておきたいのは、「女給」という概念は、やはり使われていないということだ。「給仕人」が多い。

13軒のカフェーのルポすべてで、給仕人についての言及や記載がある。男女の給仕人がいるのは萬養軒だけで、あとは女性の給仕人である。女性給仕人については、名前や年齢も書かれている場合が多く、客への

「川端萬養軒」の女給（『京都日出新聞』1914年2月1日より）。本店は万事フランス式だが、この支店はスイス式だったという。壁には洋画らしきものがかかっている

対応や雰囲気が観察される場合もあった。書かれている年齢はすべて10代、18歳が一番多く、最年少は13歳だ。

ルポで特に注目された「女給」が二人いた。一人は、オタビカフェーの静枝《しずえ》である。彼女の場合、ルポされた時はすでに松竹の女優に転じていた。もともとは大阪の道頓堀《どうとんぼり》の「旗の酒場」（キャバレー・ヅ・パノン）で働いていた。「井の字」によれば静枝がいたときは「何日も大入満員」で「デカダンとかモダーン」が詰めかけていたという。

もう一人は、萬養軒の支店の芳江《よしえ》である。彼女は「京都のレストランの給仕人中の女王」であり「夢《ゆめ》二《じ》式」の女性であるという。オーナーの伊《い》谷市郎《たにいちろ》兵《べ》衛《え》が友人の紹介で監督しているが、兵庫県のある学校校長の娘である、と受けそうな情報が明かされていた。

のちには「女給」の物語が、しばしば記事となる

のであるが、この段階ではまだそういうケースは少数の例外的なものだったことが分かる。

◇◇◇ 制度に抗う原始遊牧民のカフェー

ところで、「カフエー巡」で紹介・言及されたカフェーの所在を整理したとき、「移動カフェ」とあったのにお気づきになっただろうか。「カフェータワー」のことである。「井の字」のタワー評価はすこぶる高い。

> 京都の数多いカフエーの中一等特色のあるのは此のタワーであらう、啻《ただ》に京都のみならず現今《いま》の日本では唯一の考案であり構造である、其の趣意書にもある如くカフエー、タワーは恰《あたか》も元始時代の遊牧の民が水草を趁《お》ふて移り住んだ如く日々諸所を巡回して店を開く殖民的情調に満ちた洒落たカフエーで斯《こ》うした元始時代の素朴な漂泊的気分を現代が要求している所にカフエー、タワーの最も新しい生命があるのである

タワーは日本で唯一のアイディアと構造を持つカフェーであり、そのコンセプトは、日によって場所を変え移動して開設される原始遊牧民の場、というものであった。構造はいたって簡単で緑と白の縦縞に染め分けてある天幕を立てると完成である。そこでコーヒーや洋酒や日本

1913年10月30日、円山公園でのカフェータワーの開店記念に。右端にしゃがんでいるのが秦テルヲ。幼げな女給の姿も見える（京都国立近代美術館所蔵）

酒が提供される。

1913年11月に開業し、初めは円山公園、続いて文展の時に岡崎公園で、その後、高雄、永観堂、翌年の1月には、八幡《やわた》市の石清《いわし》水《みず》八幡宮で開業したという。創業者は武田とあるが、大丸百貨店に関係しているというだけで、名前や詳しい経歴などは分からない。ただ、文展の時に岡崎公園で開業したという点は、このカフェーの意味、そして、京都における当時のカフェーの一面を知るうえで重要である。

文展というのは、1907年（明治40）に始まった文部省主催の公募美術展覧会で、正式名称は、文部省美術展覧会であった。1918年（大正7）まで12回開催され、翌年からは帝国美術院展に改組、その後も紆余曲折を経て、現在の日展へとつながっている。

文展の展示は東京で行われたが、１９１０年から、京都市の申請により、京都でも開かれるようになった。１９１２年と１９１５年を除き、京都会場は岡崎公園内の勧業館か第二勧業館であった。

この文展は、公募展とはいえ、制度化された「美術展」である。自らの内部の力や動きを表現することを「美術」とすれば、制度化とは相いれない。その点を批判する若手の美術家もおり、カフェータワーの岡崎での開業は、文展に対抗するため、「反文展」という主張を明示するためのものでもあった。

１９１３年の岡崎でのカフェータワーは、「バンカ・テルヲ展」として営業された。資料や研究によると、文展の開催期間は11月25日から12月4日までであるのに対して、「バンカ・テルヲ展」は、11月24日から12月5日までだった。

このバンカは、野長瀬《のながせ》晩花《ばんか》であり、テルヲは京都でカフェーを初めて発見した秦《はだ》テルヲである。二人は当時、大阪の龍村商店図案部でともに働き、一時は、大阪のカフェーナンバの二階で共同生活を送っていたという。

テルヲがここで発表した作品は、数十点あったといわれている。１９１２年4月から大阪で漂泊生活を送っていた時に描いた作品で、「お職女郎の顔」「歓楽の恨」「彼女は黒い血を吐いて死んだ」といった表題しか残っていない。

ただ、カフェータワーの展示会でテルヲの絵を見て「是迄経験した事のない衷心《ちゅうしん》のおののきを感じ」、新聞に批評を投稿した人物もいる。医師であり、京大医学部整形外科の助手を務め

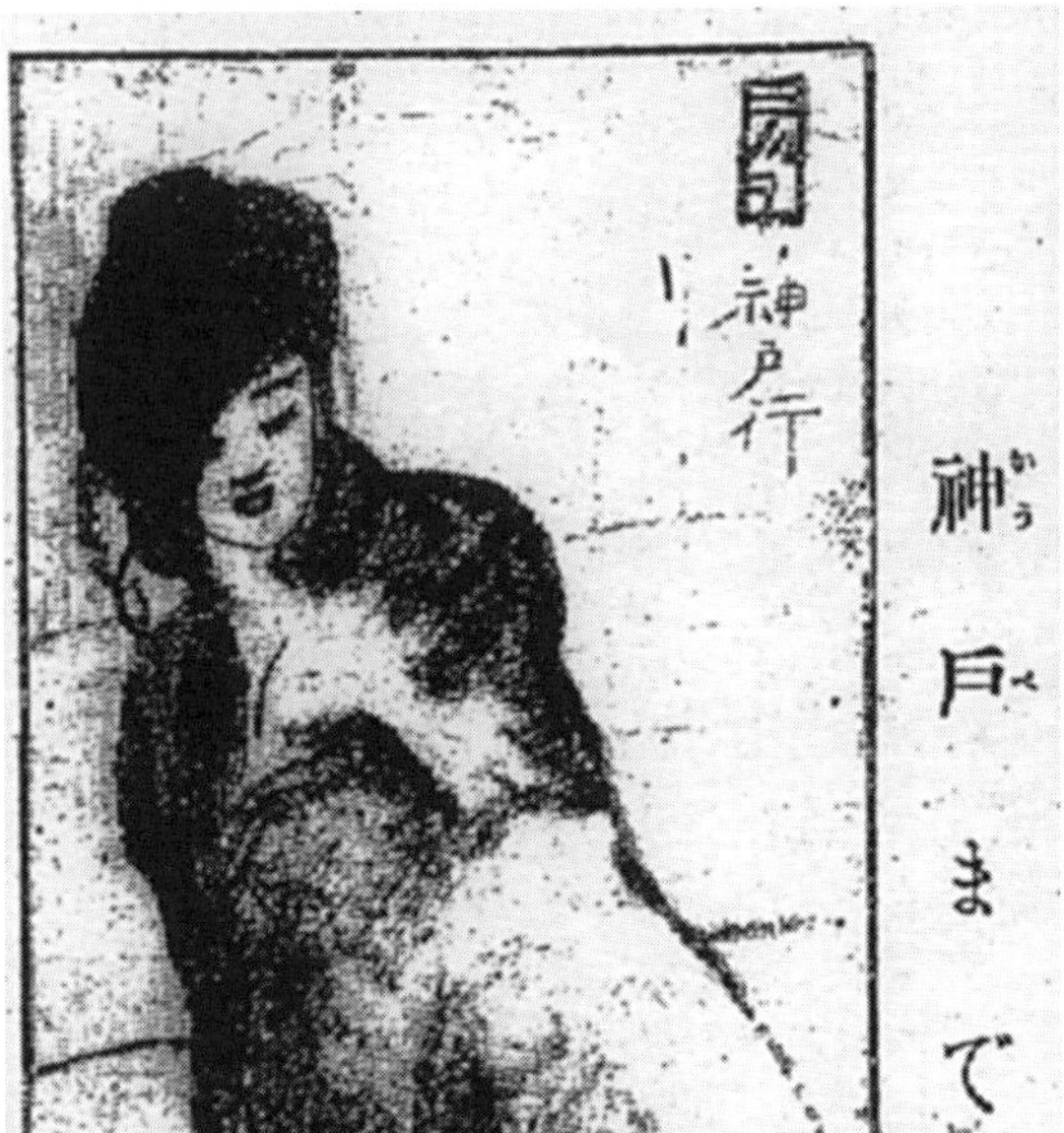

当時のテルヲが描いたコマ絵「神戸まで」（『京都日出新聞』1912年7月10日より）

たこともある恒村《つねむら》夏山《かざん》（京八）である。娼婦や売春婦の絵に「深刻なる描写」を見て取ったのだ。何を描くべきなのか、という点も含めて、テルヲの反文展の思想が結晶化した作品展をタワーは開催したといえよう。

カフェータワーは1914年にも、文展に対抗する形で、「第4回テルヲ氏作品展覧会」を主催する。移動する遊牧的カフェーは、少なくとも3年間はエネルギーを持ち続けていた。「カフェー巡」を見ると、テルヲと京都カフェーとの強いつながりを見いだすことができる。烏丸丸太町の角にあったカフエーミスには、樫野《かしの》南陽《なんよう》、榊《さかき》原《ばら》紫峰《しほう》、久保井《くぼい》翠桐《すいとう》の作品と並んで、テルヲの「油絵」がかかっていたという。大宮今出川にあった菓《か》富《ふ》栄《え》塩路《しおじ》には、テルヲ作の衝立《ついたて》があったという。そして、カフェータワーはテルヲの作品展を開催した。

京都のカフェーはその初期に、近代化と連動している面

京都国立近代美術館の「秦テルヲ資料一式」から見つかったカフェーの写真。テルヲとのつながりから、大阪のキャバレー・ヅ・パノンの内観ではないかと思われる（京都国立近代美術館所蔵）

も持ちながら、芸術の動きとも密接にかかわっていた。その象徴が秦テルヲである。ただ、彼は、1915年4月、関西に見切りをつけ、東京へと活動拠点を移した。それが京都のカフェーに何をもたらしたかは、まだ分かっていない。

第三章

1922年の女給人気投票

新語としての「女給」

日本で、カフェーがジャンルとしてスタートしたのは１９１１年であった。ふつう、新しいジャンルが生まれても、多くはすぐに消えていく。残るのは少数だ。カフェーというジャンルの場合は、人々を強く魅了したため、その少数派の代表例となった。カフェーがジャンルとして日本に定着したのがはっきりするのは、誕生から5、6年後、１９１０年代の後半のことであった。

１９１８年9月号の『中央公論』では、興味深い試みがなされている。編集部が新時代の流行を捉えようと、文壇などで活躍し始めた新人にアンケートを取っているのだ。その際、「自動車」や「活動写真」（映画）と並んで、新時代の「流行の象徴」とされたのが「カフェー」である。

当時、新進の小説家・評論家として活躍をしていた江口渙《えぐちかん》もアンケートを依頼された一人だ。彼は、そこで、「近頃市内のカッフエは非常な勢で殖《ふ》え初めた」と語っている。

この場合「市内」というのは東京を指す。つまり東京でカフェーの個別の店が増殖していることが語られている。しかし、この現象は東京だけに限られていたのではない。京都をはじめとする大きな都会、また、地方の都市にもカフェーは広がっていた。北国の小都市、やがて太《だ》宰《ざい》治《おさむ》が旧制高校生として学び遊ぶことになる弘前《ひろさき》でも、１９１８年か19年ごろに初めてカフェーが開店したとされている。

『中央公論』のアンケートに戻ろう。そこには、14人の「新人」、佐藤春夫《さとうはるお》や菊池寛《きくちかん》や谷崎《たにざき》潤一郎《じゅんいちろう》が回答を寄せている。カフェーの魅力や欠点、今後への期待や提案が語られているが、面白いことに、誰も「女給《じょきゅう》」という言葉を使っていない。給仕係の女性に言及はするが、「ウエイトレス」や「給仕女」「カフエエの女」などが登場するだけだ。

もちろん「女給」という言葉自体が当時なかったわけではない。ちょうど同じころ発行された『読売新聞』（1918年8月16日号）の広告を見ると、『カフエー』という誌名の雑誌の創刊が宣伝されている。その中には、記事として「女給評判記」があることが分かる。カフェーで働いている「女給」についてのエッセイ的な報告であろう。

谷崎が訪れたフランス料理屋・萬養軒の広告。洋装に白エプロン姿の女性が描かれているが、「女給」ではなく「事務員」が募集されている（『京都日出新聞』1912年6月8日より）

その2年後の『読売新聞』も「女給」というコンセプトを考えるうえで興味深い。柯公《かこう》子（大庭《おおば》柯公）が、7月30日号から「貝杓子《かいじゃくし》」というタイトルで連載を始めた。最初に取り上げたテーマが「カフエー」であった。そこにはこう書かれている。

> 西洋産物の「カフエー」も亦、此頃では著しい日本化である。殆ど憲法的に、イナ寧ろ国際規約的に、カフェーの給仕人は男と定まつてゐるのを、何時の間にやら女給仕を常則とすることにした東京のカフエーは、時代語の一つに「女給」といふ言葉さへ造り出した。

ここで重要なのは、カフェーが「時代語の一つに「女給」といふ言葉さへ造り出した」という認識だ。カフェーの「女給」は、言葉として新しい、ということを言っている。ここから次のように推測できるだろう。「女給」という言葉やコンセプトが、カフェーと結びつきながら世の中に広まっていく。それが1920年代であった、ということだ。

女給を募集する広告。1920年代を通してカフェーが増加するに伴って、「女給」という言葉が定着していった（『京都日出新聞』1929年4月3日より）

◇◇◇大正のアイドル総選挙？

1920年代に入ってから、「女給」の人気がどういうものであったのか、また、カフェーはどう捉えられていたのか。京都で行われた一つのイベントを見ると、その一端がかなり分かる。

１９２２年、大正11年7月22日付の『京都日日新聞』夕刊に、この後暑い夏が続く京都の話題を９月初めまで引っ張ることになるイベントが告知された。「カフエー女給（ウエートレス）人気投票」である。「女王の栄冠を戴《いただ》くものは誰？」というコピーも添えられていた。

告知の記事を現代語に直して見てみよう。

> 暑い一日の激しい労働から解放されて、夕涼みで散歩すると、カフェーの青いカーテンの揺らぎや明るい灯のまたたきが眼を惹く。現代人はそのカフェーを渇望している。カフェーの情調は、一日の疲れを癒すのに十分であり、民衆的であるという点ではわたしたちの親友といっていい。しかし、そこに〈小鳩のやうに愛くるしく、燕《つばめ》のやうに軽敏な女給仕があつて初めて我々は慰安の悦楽に浸り得る〉のだ。これがないとカフェーの空気は干《ひ》からび味気ないものになってしまう。〈女給仕こそはカフエーの中心話題であり、興味の中核である〉。わたしたちの新聞社は、あらゆる意味で人気を呼びつつある〈女給仕〉の投票を募《つの》り、また彼女たちの生活やロマンスを紹介してカフェーの新しい話題を作りたいと思う。（〈〉内は原文のまま）

カフェーが労働と対をなす慰安や癒しの場と意味づけられていることや、「女給」という言

カフエー女給《ウエートレス》人氣《にんき》投票《とうへう》

女王の榮冠を戴くものは誰？

暑い一日の勤務から解放されて、晩涼を趁うての漫ろあるきに、誰もが眼を惹くは青いカーテンの揺ぎ、明るい灯のまたゝきである、江戸時代の人氣が縄暖簾を讃美した如く、現代人はカフエーを渇仰する、其處の情調はまことに一日の勞れを醫するに十分であり、民衆的なる點に於て我々の親友である、とは云ふものゝ其處に小鳩のやうに愛くるしく、燕のやうに輕快な女給仕があつて初めて我々は慰安の悦樂に浸り得るのであつて、これなくてはカフエーの空氣は乾びた情味のないものとなつてしまふことを忘れてはならぬ、眞に彼等女給仕こそはカフエーの中心話題であり、興味の中核である、我社は茲に見る所あり凡ゆる意味に於て人氣を呼びつゝある女給仕の投票を募り傍ら彼等の生活やローマンスを紹介してカフエーの新話題を作りたいと思ふ、左の規定によつて續々投票されたい

投票　用紙は制限せざるも成るべく本紙欄外刷込用紙を使用せられたし（官製ハガキにても可）

宛所　京都日日新聞社カフエー女給人氣投票係

發表　日々の紙上に前日迄の票數を個人別に掲載する

締切　最終の締切は八月末日とするも時々中間締切を行つて其時の最高點者の寫眞及ローマンスを紹介する

賞品　最終の締切に於て最高點者へは賞品を呈し各方面から寄贈の副賞品を贈る

「カフエー女給人気投票」を告知する『京都日日新聞』（1922年7月22日）。女給には「ウエートレス」とルビが振られている

葉よりも「女給仕」という言葉が使われていることも興味深い。とはいえ、こうして京都市民に向けて、「女給投票」が呼びかけられたのである。

投票の仕方は、『京都日日新聞』の欄外に刷られた投票用紙を使用してもらい、官製はがきも可としている。投票のあて先は、社の「カフエー女給人気投票係」、後に販売所も投票を受けつけることになる。投票用紙が集まったところで、得票数を女給ごとに新聞紙上に掲載し、最終締め切りの8月30日まで続ける。その間、中間集計で最高点を取った女給については写真とともに本人を紹介する。最終締め切りで高得点の女給、1位から10位までには、賞品と副賞が贈られる。

主催している京都日日新聞社は、夕刊紙を発行する新興の新聞社。1920年9月1日に出発している。京都には、老舗《しにせ》の京都日出新聞社があり、大阪からは、大阪毎日新聞社や朝日新聞社が支社を設け、読者と広告の獲得競争をしていた。おそらくこの「女給投票」の主要な目的は、京都日日新聞の販路拡大作戦、ということであろう。

カフェーの側は、お客の獲得と宣伝、女給の側は、評判やチップの獲得と賞品、副賞を提供する商店の側は広告と宣伝が目的であった。女給から見ると、21世紀になって流行しているアイドルの「総選挙」と似ていたのかもしれない。

さて、第１回目の投票結果は、８月２日に発表された。10票以下が省略されているのではっきりした投票総数は分からないが、少なくとも、７５０票以上の投票があった。ただ、まだまだ少ない。新聞紙上に名前が載った女給は39名。それぞれが勤めていたカフェーは、20店舗。京都市内が19店で大津市（滋賀県）が１軒である。

この時の第１位は、寺町錦《てらまちにしき》にあった「井筒」という屋号のカフェーの女給、秋子である。最も多くの女給が選出されたカフェーは五条カフエーで６名、続いて、新京極《しんきょうごく》の金水と同じく新京極の彌生《やよい》が各５名と続いた。

この後、８月を通して、投票数、したがって得票数もどんどん伸びる。当然ながら、登場する女給の顔ぶれや所属のカフェーも変遷する。８月７日の第３回目の結果発表では、第１位は、１０１１票になり４ケタに達した。８月17日には、第１位が、１万７１１２票と５ケタに乗った。

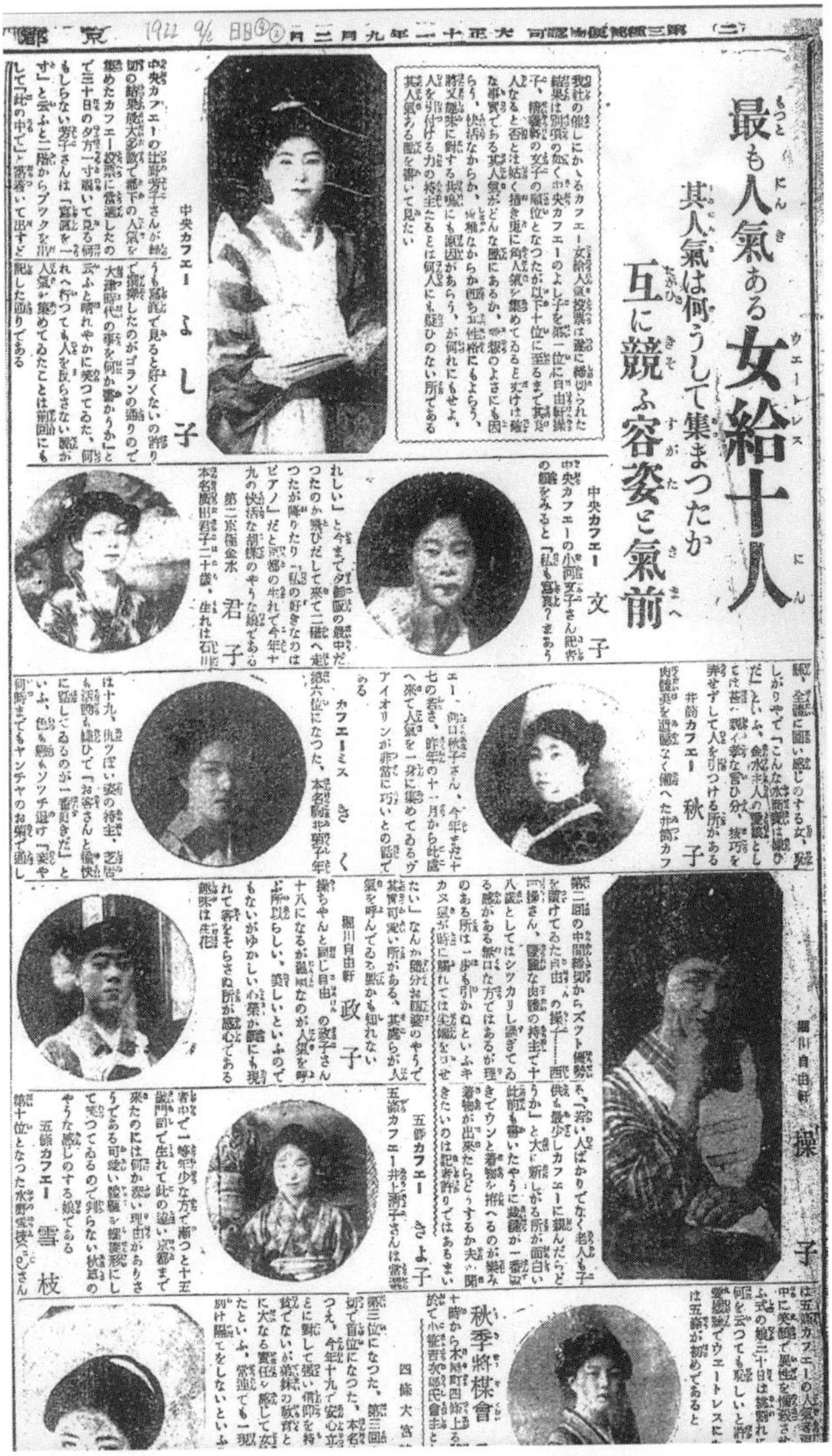

京都日日　1922 9/2 日日②　大正十一年九月二日　（第三種郵便物認可）　（二）

最《もつと》も人氣《にんき》ある女給《ウエートレス》十人《にん》

其人氣は何うして集まつたか
互《たがひ》に競《きそ》ふ容姿《すがた》と氣前《きまへ》

我社の催しにかゝるカフエー女給人氣投票は遂に締切られた結果は別項の如く中央カフエーのよし子を第一位に自由軒操子、常盤館の文子の順位となつたが以下十位に至るまで其選人なると否とは姑く措き兎に角人氣を集めてゐると丈けは確な事實である其人氣がどんな點にあるか、容貌のよさにも因らう、快活なからか、幽雅なからか若ちは性格にもよらう、時又趣味に對する共鳴にも原因があらう、が何れにもせよ、人を引付ける力の持主たるとは何人にも疑ひのない所である其人氣ある點を書いて見たい

中央カフエー　よし子

中央カフエーの辻野芳子さんが總ての結果最大多數で都下の人氣を集めたカフエー投票に當選したので三十日の夕方一寸覗いて見る何もしらない芳子さんは「寫眞を一ず」と云ふと二階からブツクを出して「此の中で」と落着いて出すどうも寫眞で見ると好くないの誇りで撰擇したのがゴランの通りので大津時代の事を何か書かうか」と云ふと晴れやかに笑つてゐた、何れへ行つても人を反らさない調が人氣を集めてゐたことは前回にも記した通りである

中央カフエー　文子

中央カフエーの小西文子さん記者の顔をみると「私も寫眞？まあうれしい」と今まで夕御飯の最中だつたのか飛びだして來て二階へ走つたが降りたり「私の好きなのはピアノ」だと京都の生れで今年十九の快活な朝顔のやうな娘である

第二京極金水　君子

本名廣田君子二十歳、生れは石川縣、全體に暗い感じのする女、淋しがりやで「こんな水商賣は嫌ひだ」といふ、飲水夫人の愛讀者としてただ甚く親しい様な言ひ分、技巧を弄せずして人をひきつける所がある

井筒カフエー　秋子

肉體美を遺憾なく備へた井筒カフエー、高口秋子さん、今年まだ十七の若さ、昨年の十一月から此處へ來て人氣を一身に集めてゐるヴアイオリンが非常に巧いとの話である

カフエーミス　きく

第六位になつた、本名駒井菊子年は十九、色ッぽい姿の持主、芝居も活動も嫌ひで「お客さんと愉快に話してゐるのが一番好きだ」といふ、色も艶もソツチ退け「楽や何時までもヤンチヤのお菊で通し

堀川自由軒　操子

第二回の中間締切からズツト優勢を續けてゐた自由軒の操子——西川操さん、豐麗な肉體の持主で十八歳としてはシツカリし過ぎてゐる感がある無口な方ではあるが理のある所は一歩も引かぬといふキカヌ氣が時に膨れては尖端を口せたい」なんか隨分お顧客のやうで其實可愛い所がある、其處らが人氣を呼んでゐる點かも知れない

を、「若い人ばかりでなく老人も子供も最少しカフエーに親んだらどうか」と大に新しがる所が面白い此前も書いたやうに趣味が一番好きでウンと着物を揃へるのが樂み着物が出來たらどうするか夫は聞きたいのは記者許りではあるまい

堀川自由軒　政子

操ちやんと同じ自由軒の政子さん十八になるが温厚なのが人氣を呼ぶ所以らしい、美しいといふのでもないがゆかしい心栞が誰にも現れて客をそらさぬ所が感心である趣味は生花

五條カフエー　きよ子

五條カフエー井上清子さんは當選者中で一等年少な方で漸つと十五西陣で生れて此の道へ入つて來たのには何か深い理由がありさうである可愛い瞳を螺旋形にして笑つてゐるので堪らない秋草のやうな感じのする娘である

五條カフエー　雪枝

第十位となつた水野雪枝（二〇）さんは五條カフエーの人氣者…中に笑顔で異性を惱殺さ…ふ式の娘三十日は跳躍れ…何を云つても嬉しいと誇…愛嬌組でウエートレスに…は五條が初めてであると

秋季將棋會

十時から木屋町四條上る…於て小笹吉次郎氏會主と…

四條大宮…

第三回の締切で首位になつた、第三回…本名…つえ、今年十九で安心立命と共に強い信仰を持…貫でないが宗教の教育と…に大なる責任を感じて女…たといふ、常連でも一視…別け隔てをしないといふ…

最終締め切りを迎え、上位10名を紹介する『京都日日新聞』（1922年9月2日）

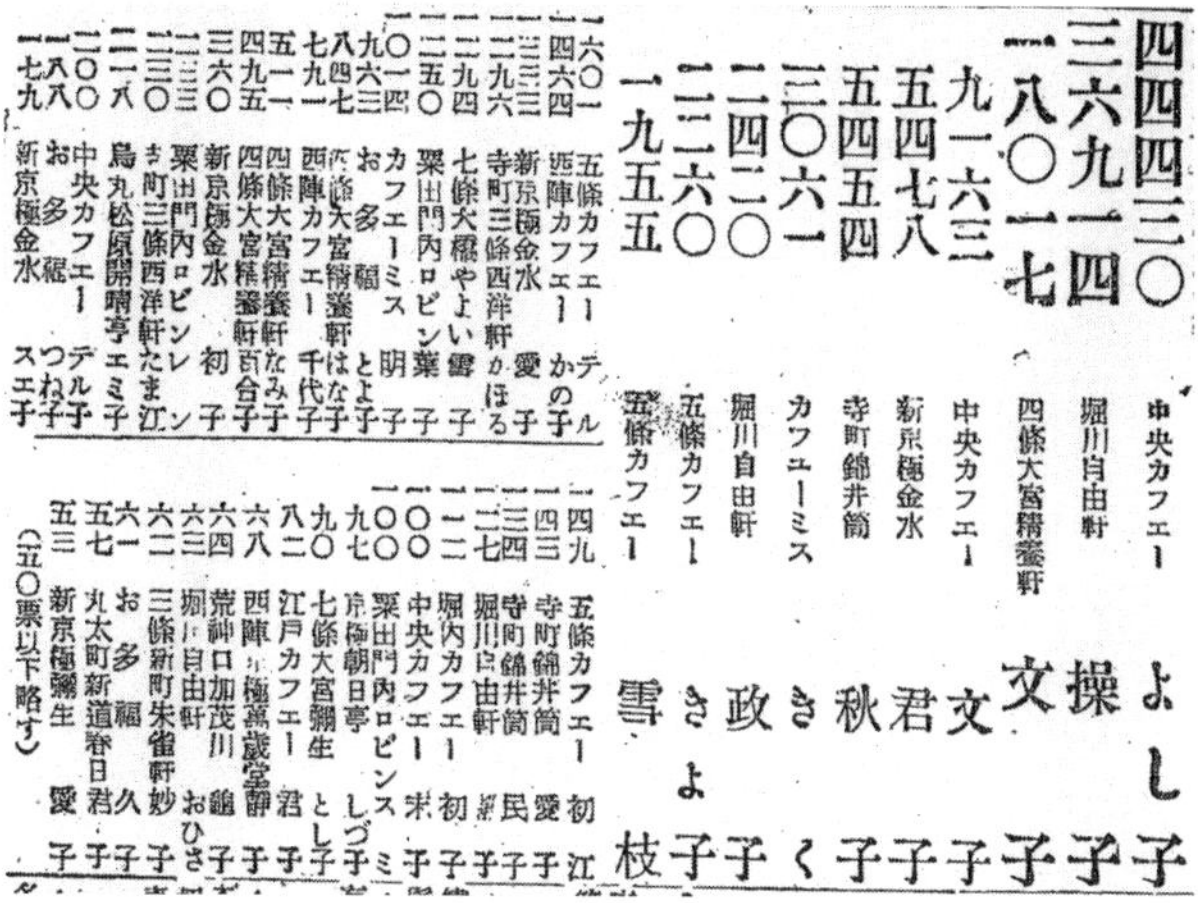

四四四三〇 中央カフエー よし子
三六九一四 堀川自由軒 操子
一八〇一七 四條大宮精養軒 文子
九一六三 中央カフエー 文子
五四七八 新京極金水 君子
五四五四 寺町錦井筒 秋子
三〇六一 カフエーミス きく
二四二〇 堀川自由軒 政子
二三六〇 五條カフエー きよ子
一九五五 五條カフエー 雪枝

一六〇一 五條カフエー テル
一四六四 西陣カフエー かの子
一三三三 新京極金水 愛子
一二九六 寺町三條西洋軒 かほる
一二九四 七條大黒やよい 露子
一二五〇 粟田門内ロビン 葉子
一〇一四 カフエーミス 明子
九六三 お多福 とよ子
八四七 四條大宮精養軒 はな子
七九一 西陣カフエー 千代子
五一一 四條大宮精養軒 なみ子
四九五 四條大宮精養軒 百合子
三六〇 新京極金水 初子
二三三 粟田門内ロビン レン
二三〇 寺町三條西洋軒 たま江
二一八 烏丸松原開晴亭 エミ子
二〇〇 中央カフエー テル子
一八八 お多福 つね子
一七九 新京極金水 スエ子

一四九 五條カフエー 初江
一四三 寺町錦井筒 愛子
一三四 寺町錦井筒 民子
一二七 堀川自由軒 [illegible]子
一一二 堀内カフエー 初子
一〇〇 中央カフエー 米子
一〇〇 粟田門内ロビン スミ
九七 京極朝日亭 しづ子
九〇 七條大宮彌生 とし子
八二 江戸カフエー 君子
六八 西陣極萬歳堂 静子
六四 荒神口加茂川 鶴子
六三 堀川自由軒 おひさ
六二 三條新町朱雀軒 妙子
六一 お多福 久子
五七 丸太町新道春日 君子
五三 新京極彌生 愛子
（五〇票以下略す）

投票結果を伝える記事（『京都日日新聞』1922年9月2日より）。上位3位までだけでも10万票近かった

最終結果は9月2日付の新聞で公表された。上位10人の写真と、記者による紹介も掲載されている。3位までを見ると、第1位は、中央カフェーのよし子、得票数4万4430票。第2位は、堀川の自由軒の操子、得票数3万6914票。第3位が、四条大宮の精養軒の文子、得票数1万8017票だった。

1922年の京都市の人口は、およそ67万人。一人一票の投票と仮定すると、京都市民の7人に1人が、女給人気投票に参加した、という数字になる。国政選挙の投票率とは比較にならないが、民間企業によるイベント投票としては、かなりの盛り上がりだったといってよいのではないか。

記事を見ると、混乱もあった。「誰が最高点になるか既に決まっている」と吹聴するものも出たらしく、「投票はすこぶる厳正に審査し情実に囚《とら》われない」と説明している。ただ、得票数の動きからは、贔屓筋《ひいきすじ》の動きや、新聞社側の操作もあるのでは、というところも見えるが、深くは追及しないでおこう。のちに発掘されたエピソードだが、ある女給は、得票を稼ぐため、京都日日新聞を一万部買い集めて自分の名を書かせた、という大げさな証言もあった。いろいろあったに違いない。

9月3日の午前11時、賞品及び副賞贈呈式が行われ、翌日付の夕刊の紙面を賑わした。1か月以上続いたイベントは、華やかな雰囲気で幕を閉じられる。豪華に花で飾られた会場には、選ばれた女給とその関係者が、つぎつぎに到着する。たとえば1位の中央カフェーのよし子は、「人気投票最高当選」という旗をひらめかせて、応援した人とともに自動車2台で、登場。6位の井筒カフェーの秋子は、装飾自動車に乗って、女将さんや同僚女給と到着した。その後記念撮影と授賞式。優勝者のよし子は、式典終了後、贔屓のお客のところへお礼回りに行ったという。

当時京都市内には、百数十軒のカフェーがあり、そこに1人以上の女給がいた。ただ、何人くらいのどういう人柄のお客がどのように通っていたのか、この投票にあたり客や贔屓筋がどう動いたのか、そこは残念ながら分からない。しかし、１９１１年に2軒でスタートした京都のカフェーが、10年で大きく発展した、ということは間違いない。また、20年代に入って、女給という職業が認識され、女給とカフェーが密接に結びついたことも、このイベントを通して見えてくる。

人気女給がいたカフェー

1922年の人気投票で登場した個別のカフェーに関して最後に少し触れておこう。10位までに入った女給が所属していたのは、中央カフェー、自由軒、精養軒（四条大宮）、金水（新京極）、井筒（寺町錦）、カフェーミス、五条カフェーの七つである。

中央カフェーは、第二京極にあった。9月3日には、お礼広告を京都日日新聞に掲載し、なんとなくタイアップ的である。途中で経営が変わるが、「昭和九年六月　京極と其の付近地図」にも記載されている。1930年代まで続いたようだ。

第2位に輝いた自由軒の操子は「明るい文化的の顔」で評判だった（『京都日出新聞』1922年8月13日より）

自由軒があったと推定される東堀川下立売。当時あった「堀川京極」は、太平洋戦争中の建物疎開によって取り壊された。御池通りや五条通りも、同じ理由で拡張された疎開道路である（1920年『最新京都市街地図』より。国際日本文化研究センター提供）

自由軒は、西堀川下立売《しもだちうり》下がるにあった。ここは、女給投票以前から京都日日新聞に広告を出しており、「第2回中間締切」で、所属女給の操子が第1位となったとき、タイアップ広告を出している。また、1926年9月の広告では、「西洋御料理　高等精肉すき焼」の店となっており、1929年4月の京都日日新聞では「女給至急募集」の広告をうっていた。少なくとも20年代を通して堀川京極で店舗として続いていたことが分かる。女給投票が行われた当時は、すぐ近くの東堀川下立売が、市電の要所であった。狭軌《きょうき》の電車が木屋町《きやまち》方面から府庁前を通ってここに来る（1926年7月廃線）。

京都駅から北野神社へ向かう線も通るポイントだったのである。そこから見て、自由軒はそれなりの賑わいにあったのではないかと思われる。ただ、写真等は見つかっていない。（跡地推定地図）

カフェーミスは、1914年の「カフェエ巡礼」にも登場した老舗であろう。烏丸《からすま》丸太町付近にあった。また、五条カフェーは広告から住所が「新寺町五条小橋」近くにあったことが分かる。これら以外の、精養軒、金水、井筒に関してはしっかりした情報はない。

この7軒以外に、屋号を目にしたことがある、ある種「有名な」カフェー、そこに所属する女給が、得票したことも、分かる。

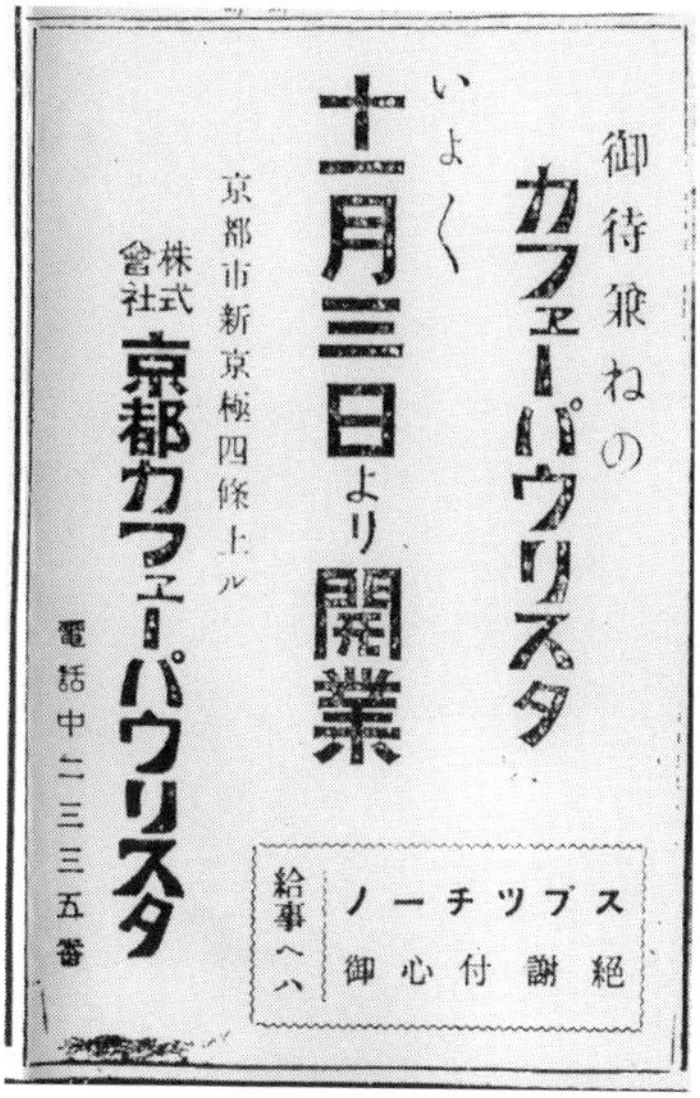

京都のカフェーパウリスタの広告（『京都日出新聞』1920年11月3日より）

新京極パウリスタ。初代の京都のパウリスタは、1912年あたりに開店した。谷崎潤一郎が「朱雀《すざく》日記」で言及している。御池通り寺町を上がったあたりにあったらしい。女給投票で登場したパウリスタは、2代目。1920年11月3日開業。「ブラジルコーヒ、西洋御料理、洋風御菓子」を提供し、ノーチップを当初標榜《ひょうぼう》していた。後に、『灰色のユーモア・私の昭和史』を書く和田洋一《わだよういち》は、中学生の頃、新京極で二日に一回映画を見ていたが、その帰りにパウリスタでコーヒーを飲んだ思い出を語っている。時期的に言えば、女給投票が行われる直前のことだ。現存しない。

お旅カフェー。四条の八坂《やさか》神社御旅所《おたびしょ》の東隣あたりにあったと推定される老舗カフェー。「カフエエ巡礼」で詳しく紹介されている。浜田浩は、京大の教師である成瀬無極《なるせむきょく》がここでリンデン・バームを歌った思い出を語っているが、有名である割には、記録や記憶が少ない。写真等も見つかっていない。現存しない。

江戸カフェー。梶井基次郎《かじいもとじろう》がよく通ったことでも知られている。現在の柳小路《やなぎこうじ》を南に突き当たったところにあったと推定される。１９２８年段階では、本店が歌舞伎座横となっており、支店を寺町三条に出していた。29年には、江戸家という屋号で四条大橋西詰に支店をもった記録もある。現存しない。

ハマムラ。現在も京都では屋号を引き継いだ中華料理店が存在している。女給投票時点では、四条縄手《なわて》上がるにあったと考えられる。支那《しな》料理だけでなく洋食も出していたようだ。

矢尾政《やおまさ》。戦前、四条大橋西詰南側にあったカフェーあるいはレストラン。ビルとしては現存し、１９２６年建築、設計がＷ・Ｍ・ヴォーリズである。現在は、北京《ペキン》料理店の東華菜館《とうかさいかん》になっている。矢尾政はもともと牡蠣《かき》料理店として１８９０年代の初めに始まり１９０７年頃から西洋料理も提供するようになった。木下杢太郎《きのしたもくたろう》がそのころ利用している。１９１１年には、洋

1926年設計の矢尾政ビルは、現在も東華菜館として使われている（西田直二郎・西彦太郎編『近畿京都』1928年より）

食部が洋館3階造りとして完成し、ビアホールも名乗るようになった。

開晴亭は、西洋御料理を供する店として、1912年4月に開業した。不明門《あけず》松原《まつばら》上がる、つまり、烏丸松原上がるが所在地であった。現在は、開晴亭北山店として、北山通り下鴨《しもがも》中通り東南側で営業している。

萬養軒《まんようけん》も現存するレストランである。開晴亭よりも早い1911年11月初めに開店した。場所は、麩屋《ふや》町《ちょう》錦《にしき》上がる。西洋料理を供する。初代の店舗には、談話室や酒場も付属していた。その後、支店なども出すが、本店は四条通り麩屋町東入るへ移転。現在は、本店がぎをん萬養軒として花見小路四条下がるにあり、支店が京都高島屋の7階にある。

カフエー女給《ウエートレス》の人氣者《にんきもの》

安心立命《あんしんりつめい》の強《つよ》さで

誘惑《いうわく》に勝《か》つ文子《ふみこ》さん

女給《ぢよきふ》になつた動機《どうき》に就《つい》て　しみぐ\と其精神《そのせいしん》を語《かた》る

一萬七千百十二票一員に驚くべき努力である、四條大宮精養軒の文子さんは斯うした高點を得て第三回の中間締切に於て當選首位を占めカフエー女給臨一の

囲人氣者《にんきもの》　となつた、文子と岡山みつゑさんは五條新し町の友禪屋の惣領娘歳十八の花盛り、曾ては澤文旅館にゐたともいふつたが精養軒のま、姻戚の關係があるので引張られ女給としての出發に立つた、臨時はあるが浮いたとは露ほどもなくいつも快活に立廻つて客とここも非常に氣持がよい「京都女學校に少しばかり行つてた外生花やお茶やを一通り習うたといふだけでほんとにお恥しうおすわ」と冒頭して人生といふ大海にまるで

囲捨小舟《すてをぶね》　のやうな現在の文子さんがそんな誘惑にちち行くとが出來るのは大國寺で始終數の力を說かれもう今では安心立命してゐるからだといふ、妾は少して、妾といふものが人のために生きられるなら……と始終快活うてます」と云ひのある眼にウウトり壁…一寸

唇を閉ぢたが騒て頬に氣まり悪さうにしながら話し續ける文子さんが現在の女給生活は家へ貧しい爲でも又放埒なためからでもなく

囲兩《ふた》親《おや》　に自分を今日まで愛で育てゝ貰つた深い恩に對して衷心から感謝する其美しい清い心の發露に外ならぬといふ、そして又三人の弟と一人の妹の行末に就ても姉といふ立場から自分の助力をしてやりたい爲めに自ら進んで働いてゐるのだといふだから妾、結婚といふ問題は……」と顏を染めて「廿五歳まで考へん積もりどす」と云ひ終つて暫らく沈默が續いた、世にて悪角な風評を立てる斯うした社會にあつて至純な心の持主＝文子さんのあると眞に

囲心強《こゝろづよ》い　限りであらねばならぬ客に對する應接や待遇についてもそれが常客であらうが、でなからうが平等であり無差別であるとは快い感じを與へる、主人竹本氏は語る「彼女が高點とて斯夢にも思はなかつたとです……斯うした高點をしてゐるといろくいらぬ噂が立つものですがお馴染の文子は至つて活潑な性質でおめく客の口車に乘るやうな事もなく何事をするにも堅實に兩親を目標にこころる事、感心なこつてす」

四条大宮の精養軒の文子を特集する記事（『京都日日新聞』1922年8月17日より）

第四章

映画・ダンス・カフェー

◇◇◇カフェーレーベンの溝口健二

1923年（大正12）11月、溝口健二《みぞぐちけんじ》は京都へ転居し、日活《にっかつ》（日本活動写真株式会社）の京都撮影所があった大将軍《たいしょうぐん》（京都市北区）近くを生活の場とすることになった。

彼は、前年、東京の日活向島《むこうじま》撮影所で監督に昇進し、9月1日の関東大震災発生までに7本の映画を撮っていた。しかし、向島のスタジオは、この大地震により壊滅的打撃を受け、日活は、11月14日にスタジオを閉鎖した。現代劇用の撮影所の京都移転を決めたのである。京都には、すでに、尾上松之助《おのえまつのすけ》が所長を務める時代劇の撮影所があったからだ。

12月になって、京都での監督第一作「峠の唄」を撮り終えた溝口は、祇園石段下《ぎおんいしだんした》のカフェーレーベンに友人と訪れた。この時のことは、エッセイ「ある夜のこと」に書かれている。

加藤政洋によると、このカフェーレーベンは「レーヴン」と書き表されることもある。レーベンやレーヴンは英語のraven（ワタリガラス）のカタカナ表記だ。大正期に開業した洋食店開陽亭がすなわちレーベンでもあり、当時は、「祇園町北側三〇二」がその住所であったという。

「ある夜のこと」をたどると、レーベン、そして京都のカ

カフェーレーベンのマッチラベル（京都工芸繊維大学美術工芸資料館所蔵マッチラベルコレクションより）。祇園石段下とは、八坂神社の西楼門の石段を下り、東大路通りと四条通りがT字型にぶつかるところを指す

フェーの一つの側面が浮かび上がる。

カフェーレーベンに入った溝口はたばこを吸い軽く紅茶を飲んだ。室内を見渡すと「何枚かのきわめて新らしい傾向の油画」が目に入る。普門暁《ふもんぎょう》の作品であった。自ら結成した未来派美術協会を、前年に除名された普門は、１９２３年春に京都で個展を開き、その年の末には、祇園あたりに住んでいたという。そのため、彼の作品が、レーベンに展示されていたのであろう。ただ、詳しいことは分からない。

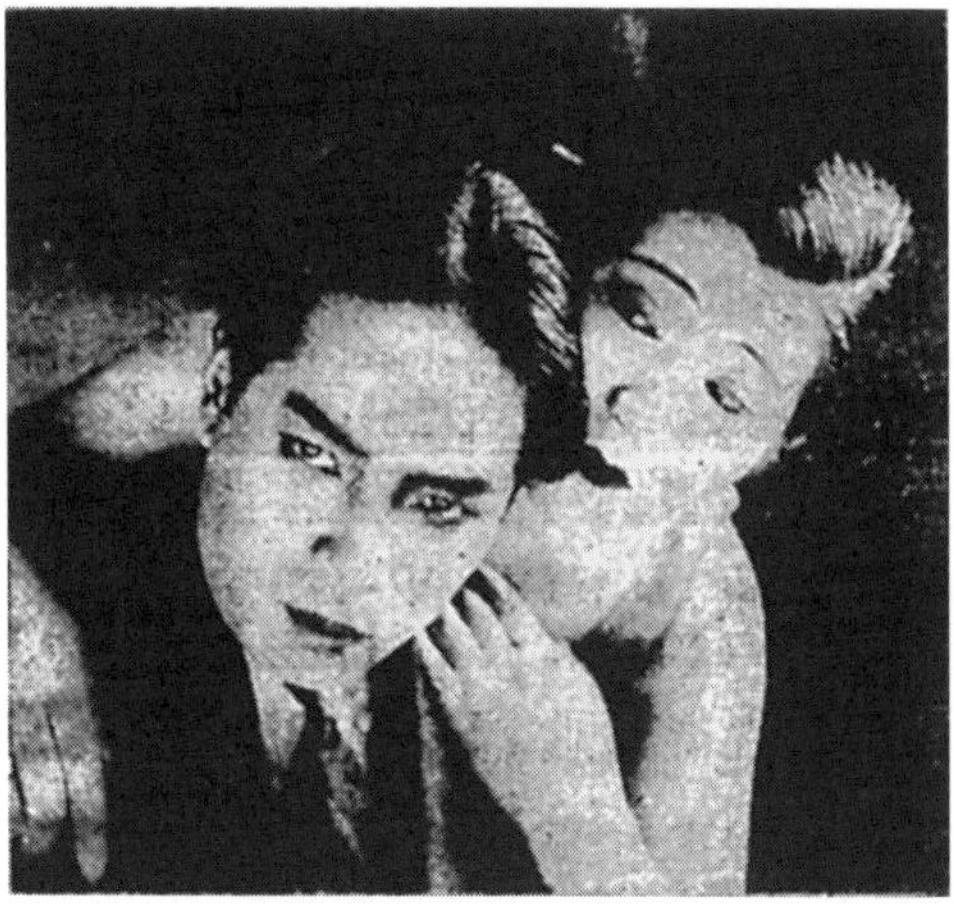

溝口の監督作「東京行進曲」（1929年）には、主人公の友・澄江（右）が女給になったカフェーが描かれる

普門の絵に惹きつけられ感歎して凝視《みつ》めていると、それまで音のなかった部屋に、突然音楽が流れてきた。女給が蓄音機をかけたのである。

溝口の心は普門の絵から離れて、レコードの音律の中へと吸い込まれていく。その曲は、ビゼーのカルメンであった。次の曲に替わる。と、地震以来初めて、幸福な気分が押し寄せてくる。溝口は、その幸福感に浸りながらウイスキーをたのみ、もう一度カルメンをリクエストする。

「――色調と――音律か――幸福なやつだ――観たり聞いたりすることができて」

と酔いながら、彼はつぶやいた。

未曾有の大災害の中カメラを回し監督を続けた溝口であったが、ようやく平穏に触れたのであろう。色調を観る、音律を聞くことができるという平安と日常と美的感覚。ここレーベンは、聴覚と視覚を通して、美的なもの、芸術的な刺激を、若き映画人に与える場となっていたのだ。

同じカフェーであっても、別な側面があったことを、外村繁《とのむらしげる》が記憶していた。彼は、１９２１年（大正10）4月に三高に入学し、１９２４年4月、東京帝国大学の経済学部に進学する。三高の2年生になった時、劇研究会に入会し、そこで、梶井基次郎や中谷孝雄らを知った。

晩年の作、『澪標《みおつくし》』は自伝的回顧的小説だが、彼はその中で、１９２３年ころ、レーベンに毎晩のように梶井や中谷と集まったことを回想している。卒業の夜、東京に発つ前日もレーベンで騒ぎ、京都に残る人々と前後不覚になるまで酒を飲んでいた。

三条商店街近くにあった下宿の引っ越しのため京都に戻った外村は、一人でレーベンに入った。なじみの女給たちがいた。電車がすでに無くなった四条通りに出ると、後ろから女給の一人が駆け寄ってきた。マスターとけんかをして飛び出したのだという。17歳の彼女を、細雨降る深夜の街に置き去りにするわけにいかず、外村は下宿に連れてゆく。彼女に誘われるが、外村は結局、彼女に触れることもなく一夜を過ごす。

疾風怒濤《しっぷうどとう》の若き日の場としてのレーベンが、回想されている。もちろんフィクションが混じっているが、核には、外村の体験があった。この外村のレーベンは、カフェーでのアルコールと性の側面を見せていた、と言えよう。

震災前後の京都のカフェーは、レーベンを一例としても分かるように、様々な側面を持つ場として機能していた。

◇映画都市・京都

さて、溝口がレーベンの多様な面の一部を書き残すことができたのは、京都と映画の関係に大きな変動があったからだ。この変動は京都における１９２０年代半ば以降のカフェーの展開にも影響を与える。

カフェーから少しはなれて、震災直後の京都と映画の関係を見ておこう。

たとえば溝口は、12月15日に、京都日日新聞社が主催する、活動講演会（活動は「活動写真」の略で現在の映画のこと）で「撮影上の工夫」と題して講演をしている。この活動講演会は、日活が京都に撮影所を移したことを宣伝するとともに、京都日日新聞の販促宣伝も狙ったイベントであった。したがって、溝口以外にも、関西撮影所所長の池永浩久《いけながこうきゅう》をはじめ、監督の村田《むらた》実《みのる》ら10人以上がそれぞれ話をしている。ただ、全体の目玉は、当時の大スター尾上松之助の「丁髷《ちょんまげ》」という話だった。講演以外に、余興もあり、「狂乱のサロメ」というダンスや手品などが催され、多くの新旧映画ファンが会場の京都市公会堂に集まった。

京都へ撮影所を移動させたのは、日活だけではない。松竹《しょうちく》（松竹キネマ株式会社）も東京・蒲田《かまた》の撮影所が地震で壊滅し、はやくも9月14日に京都へ俳優やスタッフを大移動させた。スタジオはなかったので、以前から土地を入手していた下加茂《しもがも》に撮影所を建設し始める。もちろん松竹発祥の地が京都である、ということも大きかった。16日には、京都のファンに対して、新京極《しんきょうごく》の松竹歌舞伎座で全員そろってのあいさつを昼夜2回行っている。

日活と松竹が、スタジオ壊滅後、京都に本拠を移したのには、理由があった。

そもそも映画の供給をストップできなかったからだ。東京を中心とした関東地方の映画館は、地震で大きな被害を受けた。しかし、それ以外の地域では、直営館や契約館があり、毎週新しい「写真」を上映するシステムを大きく変更するわけにはいかない。新作映画を提供し続ける必要があった。そのため適当などこかへ映画作りチームを丸ごと移さなければならなかった。（当時の新聞記事によると、大将軍撮影所では、時代劇映画を月7本は撮っていた。）

その点京都は、地の利を得ていた。映画産業がそれなりに集積していたのだ。日活の旧劇（時代劇）用スタジオがあったし、松竹も撮影所づくりを計画していた。１９２１年に京都市北区の等持院《とうじいん》境内にスタジオを建てた牧野教育映画製作所は、23年4月からマキノキネマ株式会社となり斬新な旧劇映画を作り始めてもいた。また、同年9月末の段階で、嵯峨野《さがの》の広沢池《ひろさわのいけ》近くに、京都フイルム製作所も完成しようとしていた。場所があり人材がいて関連業種もあったわけである。

こうして、関東大震災がきっかけとなり、当時の三大映画会社のスタジオが京都にそろうことになった。これ以降しばらくの間、京都は、日本のハリウッドとも呼ばれるようになる。

幻の「カフェーローヤル」をたどる

映画は、新しい近代的な娯楽・エンターテイメントであった。カフェーが近代的な飲食遊交の場であったのと並行していたしつながっていた。京都で、カフェーが初めて登場した時、都市基盤の近代化と連動していたが（第一章）、1920年代半ば、京都が映画都市となったことが、カフェーの展開にも影響を与えた。

その様相を一つのカフェーの展開を軸に見てみよう。ここでもまず溝口のエピソードを読み解くことから始めてみる。

新藤兼人《しんどうかねと》は、溝口の評伝である『ある映画監督』の中に、俳優の中野英治《なかのえいじ》から聞いた逸話を入れ込んだ。1927年（昭和2）8月に結婚した千恵子夫人をめぐる出来事である。溝口は、千恵子と大阪道頓堀《どうとんぼり》のダンスホールパウリスタで出会った。彼女は、そこのダンサーで、嵯峨千枝子と名乗っていた。京都で結婚生活を送ることになって、溝口は千恵子のダンスを禁止したという。しかし、千恵子は、息抜きにダンスがしたくなり、中野の弟子ジミーを誘って「新京極のロイヤルダンスホール」へ出かけダンスに興じた。このことはすぐにばれ、溝口は激怒。ただ、千恵子夫人を怒ることはできず、ジミーが怒りの標的として犠牲になった、というのだ。では、このロイヤルダンスホールとは、なんなのだろう。もちろんネットで調べても出てこない。

カフェーが出てこないことに疑問を持つ読者もいるかもしれないが、もう少し待ってほしい。ただ、「新京極のロイヤルダンスホール」や「ダンサー」そして「ダンス」というキーワードは記憶しておいてもらいたい。

１９２５年（大正14）の雑誌『改造』の7月号に「赤い屋根」という小説を谷崎潤一郎が発表する。主人公は、宝塚沿線に住む映画女優宮村繭子《まゆこ》、京都の撮影所に通っている。中年男をパトロンに持ちながら、従妹や現像技師の男と赤屋根の家に住む。彼女はまた、京都帝国大学の学生寺本にも関心を寄せ誘惑しようともしていた。

物語が進行する中で、こういうシーンが登場する。

> …出張撮影に京都へ行った時だった。…ぶらぶら京極を歩きながら、「ああ、そうだった、こんな時に寺本さんでも呼んでみようか」とそう思って、カフエエ・ローヤルから電話

を懸《か》けると、寺本は直ぐ飛んで来た。……

「じゃア、活動でも見に行きましょうか?」

「それより円山を散歩しませんか、夜桜を見に。」

　そう寺本が発議した、そして、二人は京極から円山まで歩いた。……


　ここに登場する京極（新京極）の「カフエエ・ローヤル」、これは、実は、溝口の妻千恵子がダンスに行った、「新京極のロイヤルダンスホール」でもあるのだ。

　さて、谷崎は、関東大震災を機に、関西へ移ったのだが、志賀直哉《しがなおや》は、その少し前に京都へ引っ越している。1923年3月8日から東山区粟田《あわた》口《ぐち》で生活し始め、10月23日に京都市南東の山科《やましな》へ転居、1925年4月に奈良に移るまで、約2年間京都で暮らした。この間の断続的な日記が残っている。

　それを見ると、志賀は、二度ほどカフェーロー

カフェーローヤルの跡地（新京極六角）。太平洋戦争中の建物疎開によって取り壊され、現在は新京極六角広場となっている。左手には夷谷座があった

ヤルで食事をしている。1923年4月7日の夕食と、5月16日の昼食だ。それぞれ「ロイヤルカッフェー夜食」「カッフェロイヤルへ行く」という記載がある。谷崎が小説に繰り入れ、溝口がダンスのことで気をもんだところを志賀は実際に利用したのだ。

志賀の日記を細かく検討すると、カフェーローヤルが志賀にとってどういうものであったかがかすかに見えてくる。

4月7日は、午後に友人たちと大徳寺《だいとくじ》の塔頭《たっちゅう》・真珠庵《しんじゅあん》などを訪問し感銘を受ける。その後ローヤルで食事、さらに家族と都をどりを見物し満足している。5月16日は、叔父と銀行へ行き、一緒にローヤルで昼食をとり、夜は叔父たちと鴨川をどりを見物に行っている。

いずれも、志賀にとってはイベントの日であった。その日の食事の場が、カフェーローヤルだったのだ。二回とも、京都の春の踊りを見に行った日と重なるというのは果たして偶然だろうか。少なくともそれなりの飲食をする場とみなされており、普段とは違う何かがあるときに行く場と考えられていたのではないだろうか。

この三つの例から分かるのは、カフェーロイヤルとは、ちょっとしたハレの飲食の場であり、女優が若い学生をあいびきに誘う場であり、ダンスの場であった。

1928年（昭和3）に出版された『大京都案内』という観光案内本がある。そこには食事処がリストアップされている。「和食の部」には、瓢亭《ひょうてい》を筆頭に68軒紹介され、「洋食の部」には、9軒の名前があげられている。「洋食の部」で紹介されているのは、菊水館（四条寺町）、八尾《ママ》政（四条大橋）、東洋亭（河原町三条下がる）、萬養軒（四条富小路《とみのこうじ》西）、明《あけ》ぼの（川端四条上がる）、ローヤル（新京極）、江戸カフエー（新京極四条上がる）、ワシントン（川端五条上がる）、御旅カフエー（四条御旅所《おたびしょ》）である。同じ年に出た同種の書籍『大京都』では、西洋料理店が29店紹介されているが、そこにもローヤル（新京極六角）はリストアップされ、7軒ある「支那《しな》料理」店にもローヤルがあることが分かる。ローヤルは中国料理も提供していたらしい。

１９２８年には、京都で、昭和天皇の即位大礼が11月に催され、観光ブームになっていた。この2冊は、そのブームを当て込んだ観光案内である。食事ができる失敗のない飲食店を紹介しているはずだ。両方に紹介された西洋料理店はローヤルも含めて6店、そのうち4店（菊水館、萬養軒、東洋亭、矢尾政）は今でも営業したり懐古的に語られたりする。しかし、2店、ローヤルと明ぼのは、記憶から消滅し、記録も発掘しないと出てこない状態になっている。

カフェーローヤルは、これらの観光案内からも分かるが、新京極の六角にあった。加藤政洋も指摘するように、１９２７年ごろの「京都市明細図」にはっきりとその場所が描きこまれていた。ただ現在そこは、新京極六角公園の一部になっており建物はない。戦時中の建物強制疎開によって、そこにあったビルは壊され平地となり、公園化されたのだ。

１９２０年代初めには、その場所には京極館という洋画専門の映画館があった。「カリガリ博士」や「イントレランス」などが上映された記録がある。

１９２２年（大正11）7月7日の『京都日出新聞』が、「京極館がカフエーに」と報じた。映画館の閉鎖直前は「不良少年少女が最も多く出入《でいり》してさながら魔窟《まくつ》の様であった」という。ただ、当時の新聞は、現在よりはるかにセンセーショナリズムがきつく、道徳的保守主義の立場を取りやすかったので、文字通りに「魔窟」であったかどうかは割り引いて考えないといけないだろう。

その記事通り、この年の、11月にカフェーローヤルが開業開店する。『京都日出新聞』の11月8日付朝刊と『京都日日新聞』の11月9日付夕刊に開業広告が載った。それによると開業は、11月9日である。

この広告からカフェーローヤルの特徴がいくつか読み取れる。

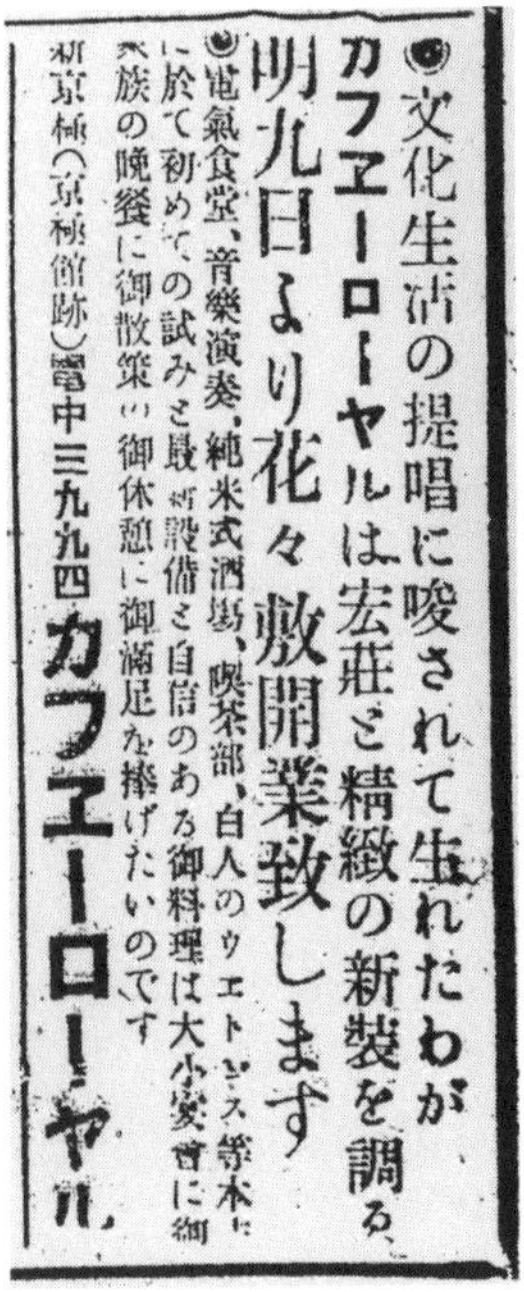

カフェーローヤルの開店を知らせる広告（『京都日出新聞』1922年11月8日より）。「文化」と「生活」が、この時代の新しい価値観となっていた

まず、カフェーのコンセプトを「文化生活」においている点は注目だろう。大正期、「文化」というコンセプトが、明治期への批判として、また、国際主義や生活中心主義と広く結びつく新たな潮流、新しい価値として、広がりを見せていた。カフェーローヤルも、そうした流れに自らを位置づけようとしていたのである。

次に着目したいのは、「宏壮《こうそう》と精緻《せいち》の新装」という表現である。カフェーの建築を、描写しようとしているのだろう。ポイントは、建築を重視しようという姿勢、それを魅力の一つにするという試みだ。

さらに興味深いのは、どういうシステムを導入するかについて書かれていることだ。四つある。①電気食堂、②音楽演奏、③純米（国）式酒場、喫茶部、④白人のウエートレスだ。「電気食堂」が何かはまだ明らかにできていないし、「純米国式」というのがどういう形式なのかも分からない。ただ、音楽演奏の導入や白人ウェートレスの採用は分かりやすい。いずれも、京都市で初めての試みである、と宣伝された。

利用方法として何が提案されていたのか。三つ想定されている。①大小宴会、②御家族の晩《ばん》餐《さん》、③御散策の御休憩である。志賀直哉の利用の仕方は、この枠内に入るが、谷崎の小説中の繭子による利用法は、少しずれたものかもしれない。また、溝口夫人のダンスは、ここには含まれていなかった。おそらく当初の想定にはなかったのだろう。

オーナーや経営組織はどうだったのだろうか。新京極ができて60年を記念して、新京極連合組合が田中辨之助《たなかべんのすけ》に依頼し編纂された『京極沿革史』という本がある。これによると、「大正十一年」に「櫻之町夷谷座《えびすざ》前にカフエーローヤル株式会社新築された」という記載がある。また、『官報』の1926年（大正15）2月6日号には、取締役野原博吉名で、株式の併合と資本減少の公告がなされている。つまり、カフェーローヤルは株式会社組織として設立され運営されていたことが分かる。

また、1923年11月12日付の『京都日日新聞』には「ローヤルのカフエー　開業記念祝賀」という記事が掲載された。「市内知名の氏を招待」した祝賀会であった。この記事から分かるのは、社長は野原であるが、支配人として西村寅太郎《にしむらとらたろう》が就任していたということだ。西村は、1925年に、自ら、現在も続くスター食堂を開業し、やがて京都市を中心として店舗をチェーン展開していく。そうした人脈も見えてくる。

カフェーローヤルのマッチラベル（京都工芸繊維大学美術工芸資料館所蔵マッチラベルコレクションより）。「階下大食堂の解放」も売りだったようだ

もう一つ、システム的に新しいことを試みた。女給をナンバー制にして、運営したという点だ。個人名や源氏名ではなく数字によるサービスシステムで、30番まであったという記録がある。女給のナンバーは、テーブルのナンバーと対応もしていた。当時のカフェー

としては、女給数も席数も多かったことが分かる。

では、カフェーローヤルが、どのように展開し、どう消滅し、記憶からフェードアウトしたのか、諸メディアに散在している記録を集めて再構成してみよう。

開店日の当日は、筋向いにあった夷谷座での「東京少女歌劇二の替」の初日と重なっており、広告も並べて掲載されていた。その後、初期には大きな企画の記録は今のところ見つからない。状況が変化し、ローヤルが、華やかな場としてマスコミに登場するのは、関東大震災以降であった。つまり、京都のハリウッド化と軌を一にしていた。

◇映画界とカフェーローヤル

少し、前に戻ろう。

前章でみた「女給人気投票」が行われたのは、1922年の8月から9月であった。主催したのは京都日日新聞社である。翌年夏、同社は、「京八遊廓百美人投票」という企画を、6月から8月にかけて開催する。さらに、東京の撮影所が壊滅して、松竹と日活の映画関係者がほぼすべて京都にきたとき、この機会を逃すまじと、「キネマ女優人気投票」を、23年の11月から開催した。同社によれば、この試みは「ほとんど空前の盛況」だったという。

投票だけにとどめてはいなかった。翌24年2月17日、「映画男女優招待大晩餐会」を開催する、と発表した。期日は2月19日。その会場となったのが、「新京極カフエーローヤル階上大ホール」であった。

当初は、「本邦三大映画会社の男女優監督数十名を招待」し、パーティーを行い歓談や食事をともにすることになっていた。もちろん余興もあり、当日「ルボーブ夫人のダンス」が予定されていた。

しかも、一般の映画ファンにも参加を募った。会費は1円50銭、次第としては、「キネマ女優人気投票」で10位までになった女優へ賞品を贈呈、その後余興も含めた「大晩餐会」である。当時コーヒーは1杯10銭だった。現在は500円ほどである。とすると、会費の1円50銭は、現在の水準では7500円である。それほど高いわけでもないだろう。予想通り、予約期間は短かったが、「満都の人気は文字通り沸騰した」というから、映画ファンが押し寄せたようだ。予約できた一般客は100名から200名だった。

記事を見ると、当日松竹は不参加だったようだが、「日活のスター澤村春子《さわむらはるこ》、水木京子《みずききょうこ》の両嬢が、カフエー、ローヤルの会場入口に着くや群衆は歓呼をあびせ」たと描かれている。当日の新京極カフェーローヤル付近の騒然とした熱狂的状況が想像できる。

「大晩餐会」は17時にスタートし、22時を過ぎるころまで人々は残り、最後は、山本嘉一《やまもとかいち》や衣笠貞之助《きぬがさていのすけ》といった新進の映画人たちと「研究的座談会」も予定外に持たれ、皆「喜悦の心に満ちて散会した」。京都のカフェーが、そして、カフェーローヤルが、京都の映画界と大々的

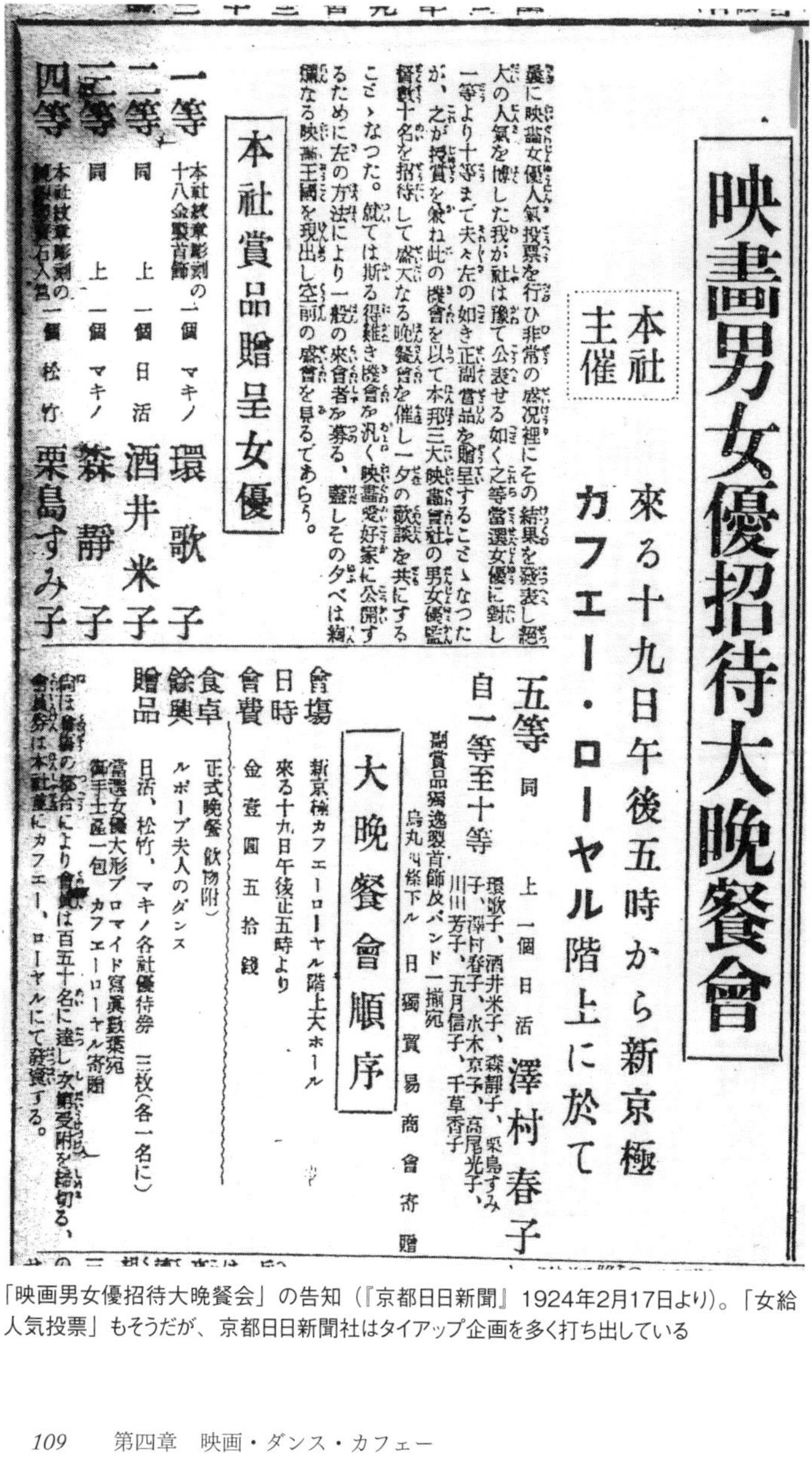

映畫男女優招待大晩餐會

本社主催

來る十九日午後五時から新京極カフエー・ローヤル階上に於て

曩《さき》に映畫女優人氣投票《えいぐわぢよいうにんきとうへう》を行《おこな》ひ非常《ひぜう》の盛況裡《せいけうり》にその結果《けつくわ》を發表《はつぺう》し絕《ぜつ》大《だい》の人氣《にんき》を博《はく》した我《わ》が社《しや》は豫《かね》て公表《こうへう》せる如《ごと》く之等《これら》當選女優《たうせんぢよいう》に對《たい》し一等《とう》より十等《とう》まで夫々《それぞれ》左《さ》の如《ごと》き正副賞品《せいふくしやうひん》を贈呈《ぞうてい》することゝなつたが、之《これ》が授賞《じゆしやう》を兼《か》ね此《こ》の機會《きくわい》を以《もつ》て本邦《ほんぽう》三大《だい》映畫會社《えいぐわくわいしや》の男女優《だんぢよいう》監《かん》督數十名《とくすうめい》を招待《せうだい》して盛大《せいだい》なる晩餐會《ばんさんくわい》を催《もよほ》し一夕《せき》の歡談《くわんだん》を共《とも》にすることゝなつた。就《つい》ては斯《か》る得難《えがた》き機會《きくわい》を汎《ひろ》く映畫愛好家《えいぐわあいこうか》に公開《こうかい》するために左《さ》の方法《はうはふ》により一般《ぱん》の來會者《らいくわいしや》を募《つの》る、蓋《けだ》しその夕《ゆふ》べは絢《けん》爛《らん》なる映畫王國《えいぐわわうこく》を現出《げんしゆつ》し空前《くうぜん》の盛會《せいくわい》を見《み》るであらう。

本社賞品贈呈女優

一等　本社紋章彫刻の十八金製首飾一個　マキノ　環歌子

二等　同　上　一個　日活　酒井米子

三等　同　上　一個　マキノ　森靜子

四等　本社紋章彫刻の[illegible]石入指一個　松竹　栗島すみ子

五等　同　上　一個　日活　澤村春子

自一等至十等　環歌子、酒井米子、森靜子、栗島すみ子、澤村春子、水木京子、高尾光子、川田芳子、五月信子、千草香子

副賞品獨逸製首飾及バンド一揃宛

烏丸四條下ル　日獨貿易商會寄贈

大晩餐會順序

會場　新京極カフエーローヤル階上大ホール

日時　來る十九日午後正五時より

會費　金壹圓五拾錢

食卓　正式晩餐（飲物附）

餘興　ルボーブ夫人のダンス

贈品　日活、松竹、マキノ各社優待券　三枚（各一名に）
當選女優大形プロマイド寫眞數葉宛
御手土産一包　カフエーローヤル寄贈

尙は餘興の都合により會員は百五十名に達し次第受附を締切る、會員券は本社並にカフエー、ローヤルにて發賣する。

「映画男女優招待大晩餐会」の告知（『京都日日新聞』1924年2月17日より）。「女給人気投票」もそうだが、京都日日新聞社はタイアップ企画を多く打ち出している

に交わる記念日となった、と言えるだろう。

カフェーローヤルの映画界とのかかわりは、これ以降様々な形で断片的に記録されている。たとえば、１９２５年7月に京都で『映画随筆』という雑誌が創刊された。京都帝国大学の哲学出身者を中心としたグループによる理論雑誌だった。牧野守《まきのまもる》は、当時の欧米の新しい映画理論や前衛的芸術・映画運動をすぐ翻訳紹介したこと、京都での新傾向の映画の製作や実験的試みを実際に支えたこと、１９３０年代以降の思想史などへ影響を与えたことで、この雑誌を高く評価している。

この『映画随筆』の第2号に、カフェーローヤルは1ページの広告を出している。この理論雑誌を支えようとしたか、あるいは、編集・執筆グループと何らかのつながりがあった可能性を見ることができる。

マキノ省三が設立したマキノ映画に関わるファン雑誌の場合はもう少し結びつきが明確だ。このファン雑誌は始め『等持院』のちに『マキノ』雑

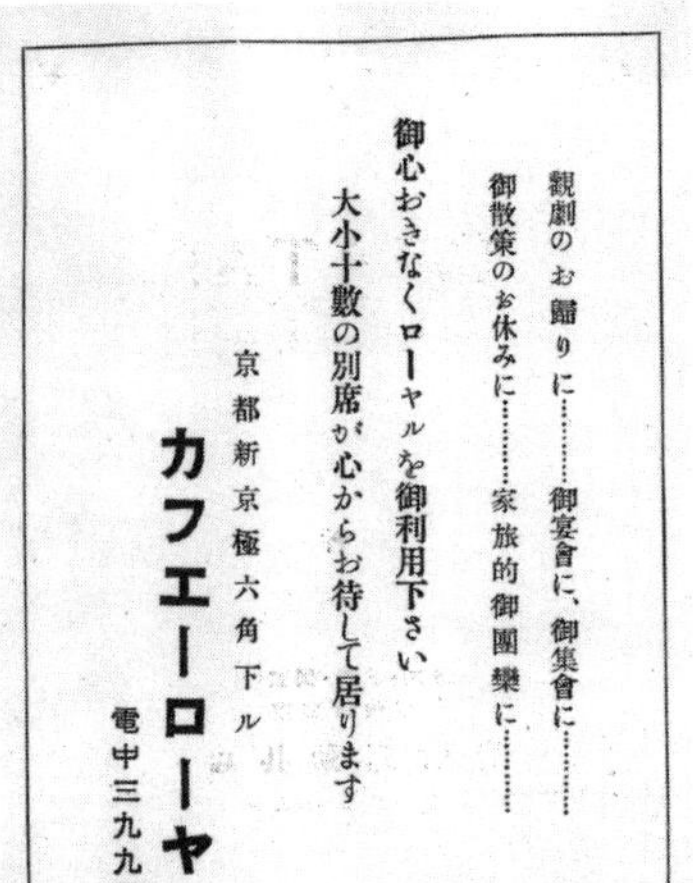

カフェーローヤルの広告（『映画随筆』1925年1巻2号より）。ローヤルは劇場近くの大型カフェーとして、映画界との関係を深めていく

カフェーローヤルで飲食するマキノ智子、寿々喜多、金森ら。映画撮影を終えて立ち寄ったところのスナップ（『マキノ』第5号、1925年より）

と誌名が変わるが、編集は、マキノをめぐる同人社が行っていた。中心メンバーは、寿々喜多呂九平《すすきたろくへい》、金森萬象《かなもりばんしょう》、二川文太郎《ふたがわぶんたろう》、都村健《つむらけん》などであった。都村によると、１９２４年の9月に「マキノを圍《めぐ》る同人社といふ団体をこさへやうとローヤルカフエーの二階で初めての会合を開いた」のである。列席者は、４人以外に、月形龍之介《つきがたりゅうのすけ》、阪東《ばんどう》妻三郎《つまさぶろう》、マキノ智子《ともこ》もいたという。

雑誌が発行されてからも、マキノ映画関係者は、たびたびカフェーローヤルを利用し、そのことが記事などにそれとなく書かれてもいた。たとえば月形龍之介は、１９２６年春、夜間撮影がないので、金森、二川、マキノ智子と四条大橋詰の菊水で夕食をとり、その後、京極へ歩き、ローヤルで「レモンティや紅茶で大いに与太の話を咲か」せたりしたのだ。また、エピソードとして、のちに金森は次のようなことを語った。金森の友人、シナリオライターの寿々喜多は、カフェーローヤルのナンバーワン女給と結婚したという。

> ローヤルカフェにはそれぞれ受け持ちのテーブルに番号が打ってあるんです。彼女はナンバーワンですから、一番のテーブルが受け持ちなんです。だから呂九平はいつでも一番のテーブルのところに行くんですが、マッチの中にラブレターを入れたりして、普通に渡せんのです。

映画の青春が、カフェーローヤルで展開していたことが分かる。

ダンスホール化するカフェーへの取り締まり

こうして映画とカフェーローヤルとのつながりが作られていったが、ローヤルは、もう一つ別の要素を、営業に取りいれていた。それは、男女がペアで踊るダンス、いわゆる社交ダンスであった。このカフェーでのダンスが、その後社会問題化していく。

京都のホテルで外国人観光客のためにダンスパーティーが開催されたことはあったようだが、

京都人の間で踊られるのは１９２１年からと言っていいだろう。この年には、三条京極に新築された十字屋《じゅうじや》楽器店の3階ホールで、ロシア人女性を教師として会員制の社交ダンスが始まった。モダニズム建築家の本野精吾《もとのせいご》もダンスに熱中し楽しんだ一人である。しかし、この最初のダンス熱は、道徳的非難や、ゴシップなどによりすぐに沈静化した。

１９２４年になるとカフェーローヤルを拠点とする「ダンシング倶楽部」と岡崎にあった娯楽施設「パラダイス」が組織する舞踊部が、社交ダンスの講習会や舞踏会を開くようになった。ダンス熱の再スタートだ。カフェーローヤルでのきっかけは、やはり関東大震災である。震災後京都に移ってきた東欧出身のルボーフ夫人が、23年11月に「ダンシング倶楽部」の事務部と練習場をここに置いたのである。発会式のダンスには、京都帝国大学教授の本野亨《もとのとおる》も参加した。ちなみに、ルボーフ夫人は、日活大将軍撮影所で撮影され、24年9月に封切られた谷崎潤一郎原作の映画「本牧夜話《ほんもくやわ》」にも出演している。

こうした試みが京都のカフェーでのダンス熱へとどう発展していったのか、実はあまり定かではない。ただ、１９２７年の初めには、京都に「京都ホール、福屋、ローヤル、リオン、あけぼの」という少なくとも五つの「ダンシングホールに約四十人のダンサーが出入りしてゐる」という状況にまで発展していた。同年に創刊された『ダンサー』という雑誌があるが、そこには、京都ホール、アケボノ、ローヤルのダンサーたちやダンスシーンが写真で紹介されている（6、7頁）。いずれもバンドが入ってダンス曲を演奏していた。

ファン雑誌『マキノ』の24号には、同年の新京極の夏を描いた投稿が見られる。夜の10時過ぎに、マキノキネマ（六角通りと蛸《たこ》薬《やく》師《し》通りの中間東側）で映画を見てから外に出た。すると、カフェーローヤルからの音楽が聞こえる。

> すぐにローヤルのダンシングオーケストラが耳を射《い》ます、チャーレ《ママ》ストンの足音、コネルの太い音、ジャズバンド、若い人の血が踊る愉快さです

カフェーローヤルからマキノキネマまでは、距離にすると70メートルくらいだ。新京極の雑踏を突き抜けて、ダンス音楽が聞こえていたらしい。

同年2月17日の『読売新聞』に「ダンスから映画へ　マキノへ入つた湊《みなと》明《あき》子《こ》」という記事が掲載される。セーラー服姿の、モダンガール的な写真が魅力的だ。同じ写真を使って、21日に『京都日出新聞』も湊が女優になったニュースを報じた。彼女は新進

大阪の灘萬ジャズバンド（『建築と社会』1929年3月1日号より）。ダンスホールの音楽は、こうした小編成バンドによる生演奏だった。のちにふれるように、ジャズはダンスの流行とともに戦前の日本に広がっていく

の挿絵画家岩田専太郎《いわたせんたろう》の妹で、京都でもダンサーとして人気者であった。
この『京都日出新聞』の記事は、京都のダンスシーンを活写している。

湊明子がダンサーとして初めて京都に現はれたのは確か去年の十月頃、京極の福屋で踊つてゐた時はたしかに福屋は京都ダンスホールで一番盛んだつたものであつた。それが間もなく福屋から姿を消してからは盛んだつただけに淋《さび》れ方も甚だしく、遂《つ》ひにバンドの連中迄が姿を隠すと言ふ有様。それに引替へ明ちやんがローヤルに居ると言ふ事が知られてからはローヤルの二階は日夜モダンボーイが出入して正にローヤルをもつて京都ダンスホールの唯一のものと言はれる様になつた

湊明子の存在によって、カフェー

ダンスから映畫へ

マキノへ入つた湊明子

關西で人氣のあつたダンサー湊明子が今後映畫へ鞍替へしてマキノへ入社した。マキノでは明子タンの顏が栗島すみ子に似て居ると云ふので第二のすみ子として大いに賣出すと云ふが、さすがダンスで練つた體だけあつて顏と共に姿の美しいことも素敵だと云ふ。近々第一回の作品を作るさうだからさだめし熱心なファンが澤山出來ることだらうが、寫眞は明子タンの最近のセーラー姿。

ダンサーから映画女優となった湊明子(『読売新聞』1927年2月17日より)。彼女の友人でファンでもあった川端康成は「早くスタアになつてほしい」と書き残している

ローヤルのダンス場が、いかに盛り上がったのか想像できる。

ところで、この社交ダンスは、風紀上大きな問題となっていた。男女が抱きあう形で踊るというのが特に風俗上道徳上の問題とされた。そうした保守的世論を背景に、京都だけではなく、東京や大阪で、警察が取り締まりを強化していた。大阪では、１９２６年に、酒場や食堂とダンス場が、同じ部屋や空間で営まれることを認めないお達しが出されていた。京都でも、１９２７年に入り、警察は厳しくダンスを取り締まることになった。

4月15日、ダンスホール内での飲食禁止、ダンスの夜10時以降の禁止、ダンスホールに入場する客やダンスガールの住所・職業・氏名・年齢の記載の義務化などを内容とする取り締まり命令を京都府警が出した。当時京都には、七つのダンスホールがあり、ほぼすべてがカフェーでもあったが、この命令を根拠に、ダンサーたちや経営者、ダンス教師を招致して厳しい警告や取り調べがなされた。結果、客足が遠のき、オーナーも手を引くようになっていく。

8月10日には、カフェーローヤルを舞台に事件が起きた。夜8時ころ、少し酒に酔ってダンスを踊りに来た京大教授と予備海軍大尉が、住所などを記載するのを断ったところへ、警察官が来て、署まで引致《いんち》されたのだ。こうした客に対しての厳しい警察の取り締まりにより、最後2軒残っていた京都のダンスホールも、8月の初めに1軒、14日にローヤルが閉鎖し、「淫魔《いんま》窟《くつ》のダンスホール」が姿を消すのである。

ダンスホールへの警察の介入は、映画人たちの拠点であるカフェーローヤルの経営にも大き

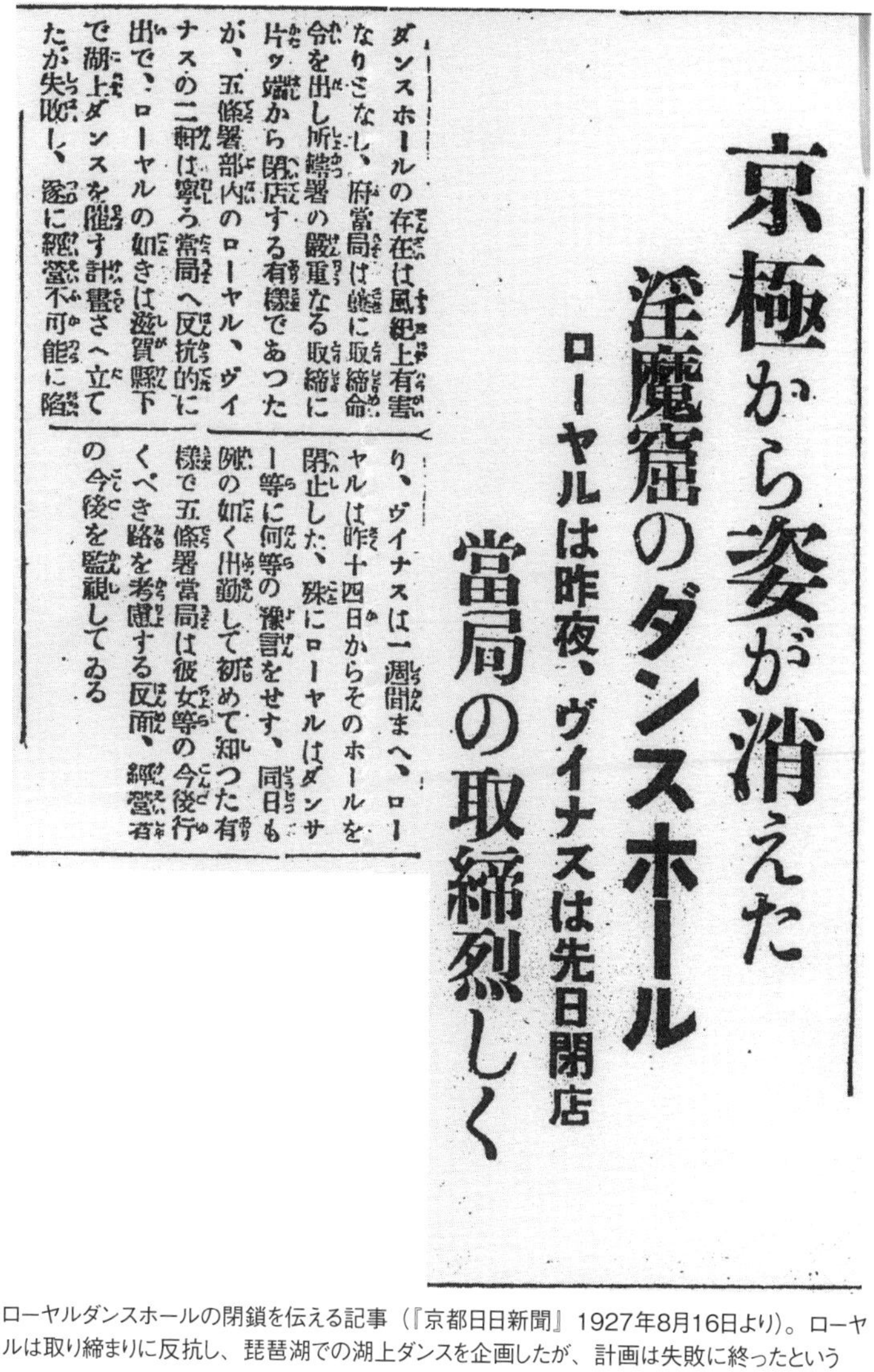

京極から姿が消えた
淫魔窟のダンスホール
ローヤルは昨夜、ヴイナスは先日閉店
當局の取締烈しく

ダンスホールの存在《ぞんざい》は風紀上《ふうきじやう》有害《いうがい》なりとなし、府當局《ふたうきよく》は遂《つひ》に取締命令《とりしまりめいれい》を出《だ》し所轄署《しよかつしよ》の嚴重《げんぢう》なる取締《とりしまり》に片ッ端《かたつぱし》から閉店《へいてん》する有様《ありさま》であつたが、五條署《ごでうしよ》部内《ぶない》のローヤル、ヴイナスの二軒《にけん》は寧《むし》ろ當局《たうきよく》へ反抗的《はんかうてき》に出《い》でゝローヤルの如《ごと》きは滋賀縣下《しがけんか》で湖上《こじやう》ダンスを催《もよほ》す計畫《けいくわく》さへ立《た》てたが失敗《しつぱい》し、遂《つひ》に經營不可能《けいえいふかのう》に陷《おちい》り、ヴイナスは一週間《しうかん》まへ、ローヤルは昨《さく》十四日《か》からそのホールを閉止《へいし》した、殊《こと》にローヤルはダンサー等《ら》に何等《なんら》の豫言《よげん》をせず、同日《どうじつ》も例《れい》の如《ごと》く出勤《しゆつきん》して初《はじ》めて知《し》つた有様《ありさま》で五條署當局《ごでうしよたうきよく》は彼女等《かのぢよら》の今後《こんご》行《ゆ》くべき路《みち》を考慮《かうりよ》する反面《はんめん》、經營者《けいえいしや》の今後《こんご》を監視《かんし》してゐる

ローヤルダンスホールの閉鎖を伝える記事（『京都日日新聞』1927年8月16日より）。ローヤルは取り締まりに反抗し、琵琶湖での湖上ダンスを企画したが、計画は失敗に終ったという

なダメージとなったのであろう。『京極沿革史』には、１９２７年に「カフエーローヤル株式会社閉店」とある。

ただ、同地にあったカフエーローヤルという屋号の店自体がすべて消滅したわけではない。

１９２９年（昭和４）4月20日の商店街広告「歓楽境京極ぶるばある」を見ると、カフエーローヤルが新京極六角《ろっかく》に記載されている。つまり、１９２７年の弾圧と株式会社の閉社はあったものの、１９２９年まで、カフェーローヤルは続いていたと考えられる。しかし、この年の8月、新京極を引き払い五条大橋西詰に移転する。その後、どのような運命をたどったのか詳しくは今のところたどることができない。果たして、１９３０年代にも、京都を代表するカフェーであったのか。まだ

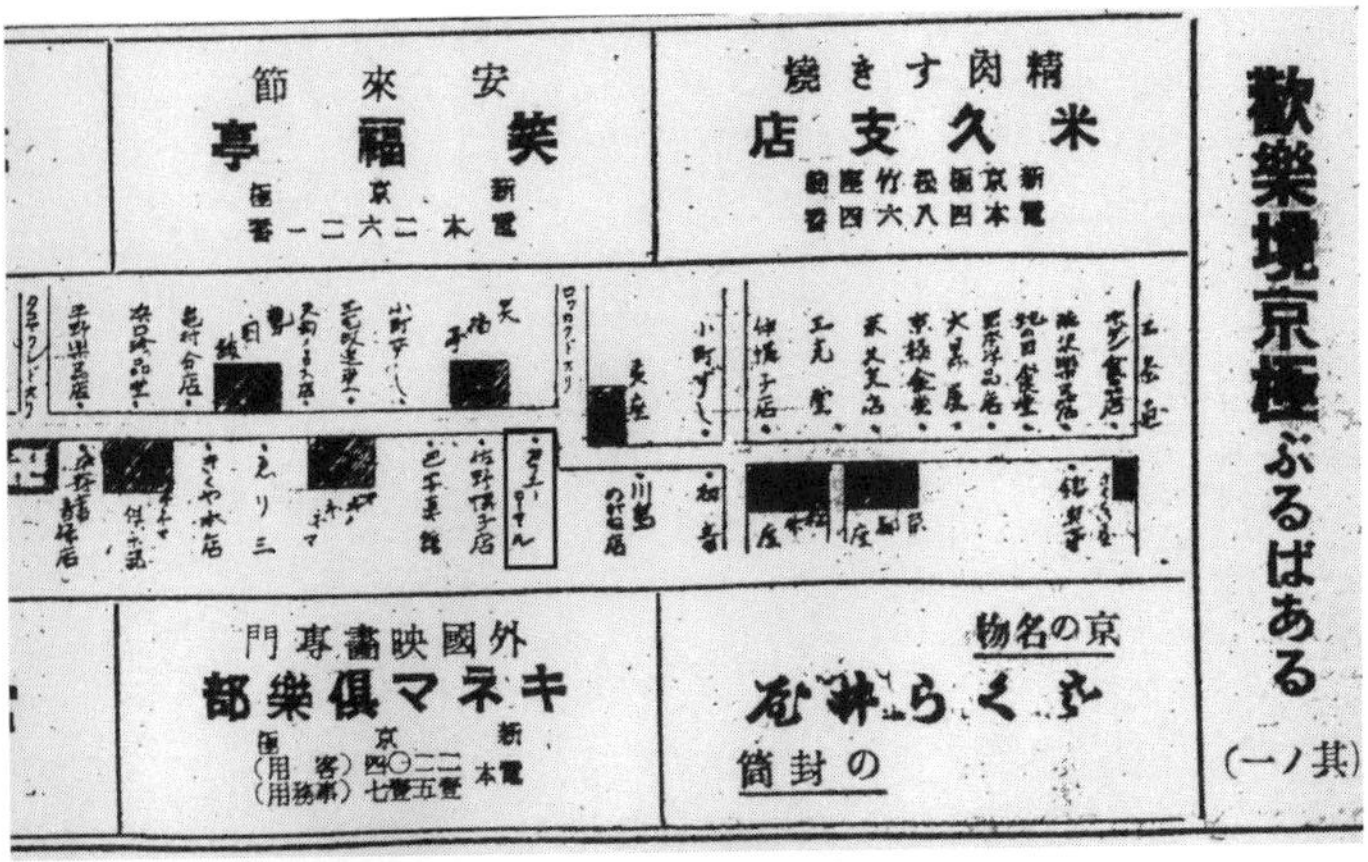

三条通り〜蛸薬師通り間の商店街の店名が分かる（「歓楽境京極ぶるばある」1929年4月20日より）。寺町通りと六角通りが交差する場所に「夷座」、その向かいにカフェーローヤルがあった（四角の囲い）

そうした記録を見いだせてはいない。

　ローヤルでダンサーとして輝いた湊明子は、マキノ映画でもかなり活躍する。彼女は実はダンサーになる以前から川端康成《かわばたやすなり》とも知り合いであった。川端が、1927年6月に京都にきたとき、湊が、「新京極のダンスホオル、ロオヤルに出てゐる」と聞いていたのでそこを訪ねる。しかし彼女はすでにそこをやめていた。とはいえ京都は狭い。彼女と「四条通でひよつくり会」うのだ。

　カフェーローヤルと映画をめぐる関係は、川端によっても断片として記録されていた。

1929年8月、五条大橋西詰めに移転したカフェーローヤルの広告

雑誌『ダンサー』に写された時代――「アケボノ」「ローヤル」を覗く

関西大学社会学部教授
永井良和

　これまでの風俗史の多くは、古い時代のダンスホールを東京の資料にもとづいて描いてきた。情報源が、かぎられていたせいだ。しかし、東京で社交ダンス愛好者向けの専門誌が登場したのは１９３０年以降で、継続的に刊行されるのは１９３２年よりあと。それより前の経緯や、ほかの地域の事情は、回顧か伝聞でしかない。

　けれども近年、各地の新聞の閲覧が簡便になり、所在不明の雑誌も「発掘」がすすんだ。情報通信技術のおかげでもあるが、往時の関係者が他界したため私たちの目にふれることになったものもある。だからこそ、伝えられた貴重な資料を読み解き、風俗史のかたよりを見なおす責任が、私たちにはある。

　雑誌『ダンサー』は１９２７年の春に大阪で創刊された。その第一号は、医師で熊本医科大学学長などをつとめた山崎正董《やまさきまさただ》（１８７２〜１９５０）の雑誌創刊号コレクションの一冊として、熊本県立図書館がたいせつに保存している。

　『ダンサー』創刊号には、京都のホールの内装、バンドマンや楽器、踊る人たちの服装、さらにはその表情をおさめた写真が掲載されていた。和装のダンサーが多い点など、風俗史を書きなおすための手がかりが、あざやかに写し出されている。

※現在、『ダンサー』創刊号は貴重資料として閲覧等に制限がもうけられている。

第五章

ジャズの氾濫と巨大カフェー

大阪―東京の「エロ」をつなぐ京都

カフェーの歴史が扱われるとき、1930年、昭和5年は、大きな転換点とされている。大阪資本のカフェーが、銀座に進出し、それまでの銀座カフェー業界のあり方に大きな転機をもたらした、と語られるのである。

この時、大阪系カフェーが東京銀座にもたらしたものは、「エロ」であった、とされている。このことは、銀座をカフェー文化のメインストリームと見た場合、また、カフェーの歴史をおおざっぱに捉えた時、大きな間違い、とまでは言えない。しかし、1920年代に、カフェーはすでに全国化しており、銀座が常に先進地として参照されていたわけではなかった。

1928年の一つの証言も見ておこう。カフェー文化の喧伝者であり同伴者であった松崎天民は、「カフェー王国の盛観は、東京よりも反《かえ》って大阪に、その徹底さを見る」と語っている。1920年代後半には、大阪のカフェーが「カフェー時代」の先頭を切っていると、松崎は評していたのだ。

こうしたことを考えると、もう少し別な角度、銀座の目線ではないところから、カフェーの展開を見る必要があると分かる。

さらに松崎は、東京と大阪のカフェーの違いを、こうも表現している。

大阪のカフェーは、強烈な色彩や騒音にて、落着いた気分といふものなく、東京のカフェーの方が淋しけれども静かで宜《よろ》し——と云ふ人あり。いや、東京は構造にしても、設備にしても、未成品あるが多けれど、大阪は万事に抜け目が無く、完備して宜しいと、大阪を第一に挙ぐる人あり。

カフェー内部の照明や音楽が、大阪では強調されており、建築やインテリアでも、大阪のカフェーがリードしている、と語られている。

1929年3月に、雑誌『建築と社会』誌上で行われた「レストラン、カフェー座談会」では、こういう発言

上野伊三郎の設計による京都の東洋亭の食堂（『建築と社会』1929年3月号より）。上野は1927年に本野精吾らと日本インターナショナル建築会を結成し、モダニズム建築の普及に貢献した

もある。

現代の大阪のカフェーの建築様式は、その因を東京の震災に発してゐますが、一面営業方針の先覚《せんかく》は、何と云つても大阪が根本でありまして、東京の現代のカフェーの方針は、総《すべ》て大阪にその指導を仰いでをるものと思ひます。例へば銀座の黒猫でも、ライオンでも、総て大阪の模倣ではありまするが、何《ど》うしても大阪ほど秩序の立つたやり方ではありませぬ。まだまだ幼稚なものです。

カフェーの営業の在り方、方針では、東京のカフェーも大阪のシステムをまねている、大阪方式を導入している、という見方である。ところで、この大阪システムや大阪方式は、

イルミネーションがまぶしい1937年創業当時のミス・大阪（熊谷奉文『大阪社交業界戦前史』より）。大阪日本橋のこの店舗は戦災で焼失したが、現在もミナミなんばでグランドキャバレーとして営業している

すぐ隣の京都にはどう関係していたのだろうか。

1928年に、京都のカフェーを評した、「京洛カフエー記」というエッセイがある。松崎天民が編集する雑誌『食道楽』の第13号、「カフエーの巻」に掲載されたものだ。著者の國分三郎は、こまごまと京都のカフェーの名前をあげ、新京極《しんきょうごく》のカフェーローヤルなどが「千客万来である」と語る。しかし、カフェー文化という点では、1928年の京都は大いに遅れていると考えていた。

> カフエーを目標とした京都は未だその初歩の境《さか》ひをさ迷ふてゐるに過ぎません。京都人は未だカフエーを生活してゐないのです。その点東京、大阪等の都市が、ほとんど熱情的にカフエーを生活してゐる現状と比較すると、五歩も十歩も、カフエー文化の遅れてゐることがはつきりと感ぜられます。

前章で見たように、1927年夏の京都では、カフェーなどでのダンス営業へ警察が鉄槌《てっつい》を下していた。では、その後の京都のカフェー状況はどうだったのか。

詳細な展開を追うには、まだ資料が乏しい。しかし、1928年9月、『京都日出新聞』に連載された「ステッキ」という連続コラムの第5回「カフエー」は興味深い状況を伝えている。

コーヒらしいコーヒを手軽に飲ませてくれる店は鎰屋《かぎや》に柏屋《かしわや》、カナリヤ位《くらい》のものだ。その他のカフエー喫茶店、茶寮はバーでありレストランであり、或《あるい》は又其れ以上の非売品を売る様な不心得なカフエーが多い。女給《じょきゅう》さんが多い。

ダンスホールを阻《はば》れたモボの蕩心《とうしん》を癒すに専念、是れ腐心する女給の、まくしたてる肉体的ジャズミユヂツクに踊るヴアレンチノの大洪水をながめて、今や彼女達はエプロンをかなぐり捨て、丈《たけ》なす黒髪を断つてフラツパーとなり、惜し気もなくポムピアンの唇紅《くちべに》を八方へ蒔《ま》き散らす博愛は、正に妓楼の大敵にあらずして何ぞや。されば「女給時代」来るの声と共に、彼女等のお尻のサイズも不遍極まりなく、如何なる科学の力をもつてしても尚計る事が出来なくなつた。

気分や断片のコラージュのような

連載記事の挿絵。断髪のモダン風な女給、洋酒のグラス、レコード盤など、カフェーを構成する要素が描きこまれている（『京都日出新聞』1928年9月21日より）

表現で、把握は少し難しい。しかし、押さえるべきは、カフェーでの商品、魅力が、飲食物ではない、ということだ。その場の磁力は、「女給」に中心化されている。

もう一つ注目したいのは、「ジャズミユヂック」というものが登場していることだ。音楽であり、ジャズである。ダンスが排除された後の京都のカフェーで、音楽と女給が前面化していった、ということが示されている。実際に1928年12月、レストラント矢尾政《やおまさ》で開かれる「クリスマス大晩餐《ばんさん》会」では、「矢尾政ジャズバンド」によるジャズ演奏が広告されていた。

この時期のジャズの広がりは、1929年4月14日に『京都日出新聞』に連載が始まる「彼女達よ！何処へ行く」のリードからも読み取れる。

矢尾政でのクリスマス大晩餐会の告知（『京都日出新聞』1928年12月14日より）。ジャズの生演奏に加え、落語、曲芸なども準備されていた

日に、速度を加へる急激な生活のテムポ、映画はトーキーだ、ラヂオで会話だ、離婚は自由だ、戦争は無い、そして都会は感情を尖端《せんたん》化して××とジャズのステップを踏む。騒音、騒音、騒音の文明――そこへまた、目醒《めざま》しく進出しつゝある女性、職業婦人、躍進に躍進を続ける彼女達…（×は判読不明）

「尖端化」という表記・表現も重要だ。この記事が出る少し前に大宅《おおや》壮一《そういち》が「モダン層とモダン相」という論考を『中央公論』に発表している。彼によれば、「モダン」こそ「時代の尖端」なのだ。その「尖端」は「末梢的で消費的」「鋭く、細く、脆く、弱々しい」「研ぎすまされた時代の神経」であった。当時の風潮や気分のあり方やあり場所が「尖端」と表記・表現されるのだ。

では、もう少しカフェー自体に近づいてみよう。1929年前半の『京都日日新聞』に載った「優良カフエー」の広告を比較してみたい。

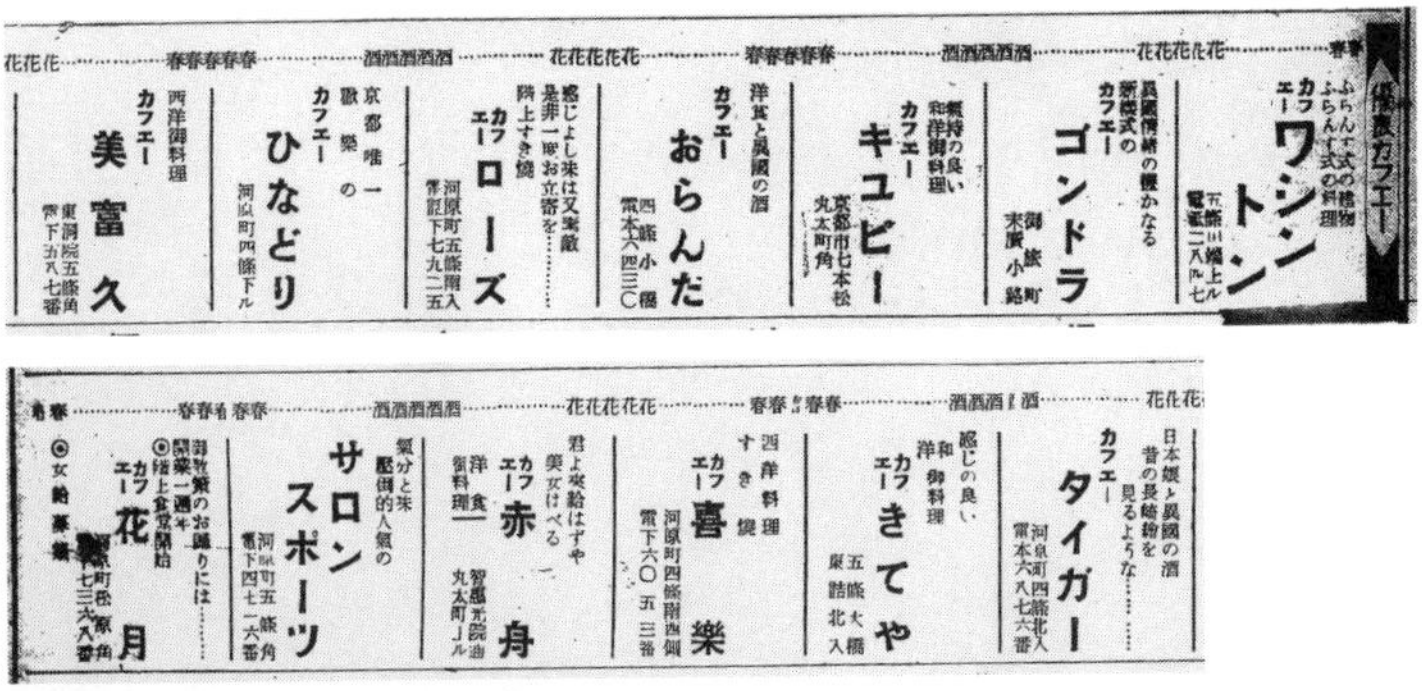

『京都日日新聞』1929年4月8日の広告

一つ目は、4月8日に出たものだ。

ここで広告を出している13軒のカフェーのコピーを検討すると、「食事」（料理）や「酒」をあげているのが10軒である。女給的なものへの言及を見ると、「カフエータイガー」が「日本娘」、「カフエー赤舟」は「美女はべる」、「カフエー花月」は「女給募集」と、3軒である。「カフエーひなどり」の場合は、「歓楽のカフエー」をコピーとしており、煽情《せんじょう》性を示しているようにも読める。

対して、5月27日の「優良カフエー」の広告を見よう。前月よりも一つ少ない12件の広告が出ており、カフェー数では13店舗となっている。

ここでもコピーを検討すると、「食事」（料理）と「酒」をあげているのは「酒場」という表現を含めて、6軒である。女給的なものへの言及は、女給募集の告知（9軒）、「大女給主義」の「カフエーモンパリー」、「美人揃い」をうたう「カフエーきてや」と「カフエー喜楽」と11軒にわたる。

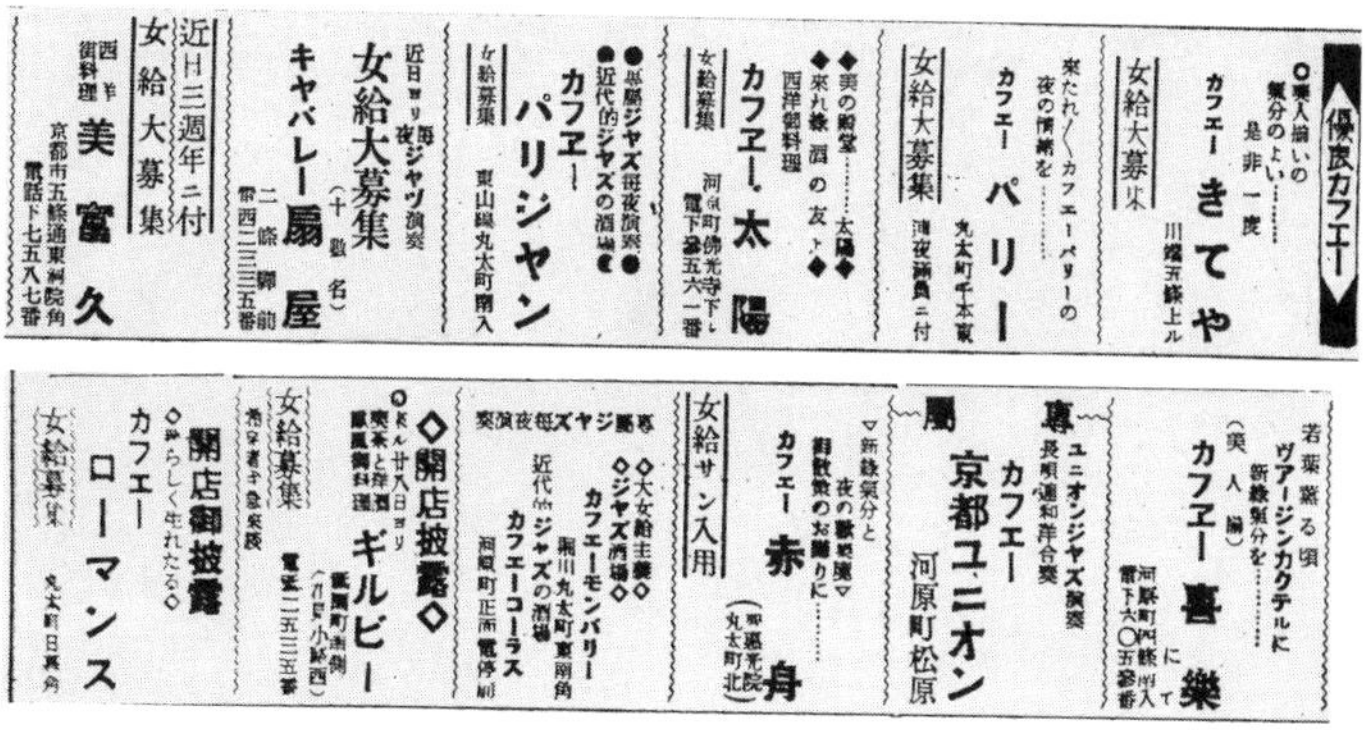

『京都日日新聞』1929年5月27日の広告

◇ジャズ狂化したカフェー

特に注目してほしいのはジャズへの言及だ。5店舗みられる。

東山線丸《まる》太《た》町《まち》南にあった「カフエーパリジヤン」は「専属ジヤズ毎夜演奏」「近代的ジヤズの酒場」と宣伝している。河原町松原の「カフエー京都ユニオン」では「専属・ユニオンジヤズ演奏／長唄連《ながうたれん》和洋合奏」というコピーを掲げた。同じ系列と推測される、堀川丸太町の「カフエーモンパリー」と河原町正面の「カフエーコーラス」でも「専属ジヤズ毎夜演奏」が強調され、モンパリーは「ジヤズ酒場」を名乗り、コーラスは「近代的ジヤズの酒場」をうたった。当時まだ市外であった二条駅前の「キヤバレー扇屋」は、「近日ヨリ毎夜ジヤヅ演奏」を予告していた。

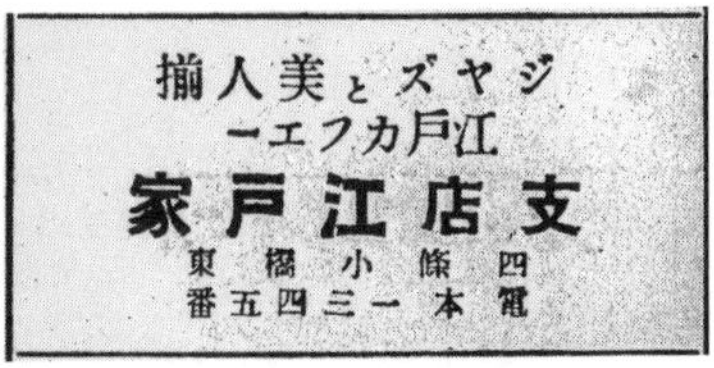

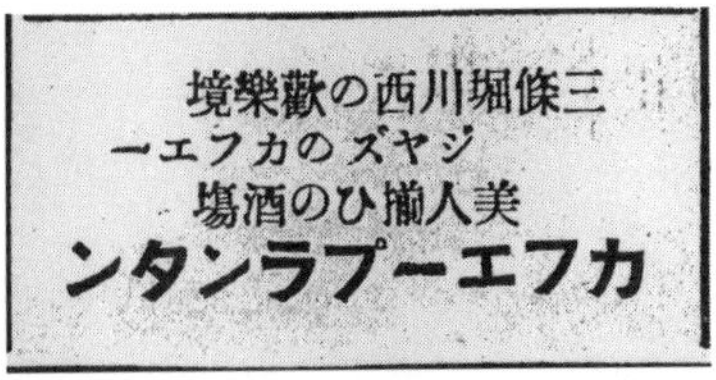

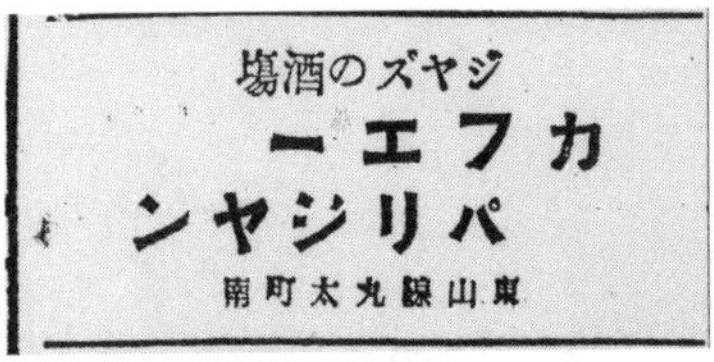

ジャズと美人女給を売りにするカフェーの広告
（いずれも『京都日日新聞』1929年5月より）

蓄音機でのジャズや音楽ではなく、

バンドが演奏していたらしい。カフェーパリジャンの場合は、4月5日の新聞で、「音楽士大至急募集」と広告を打っている。引き抜きなどでもあったのだろうか。また、別日の広告によれば、京都ユニオンには「音楽部」があり、「ジャズ出張演奏」も引き受けていた。

ここでも、カフェーの魅力として、女給の商品化が意識的に前面に押し出され、音楽、特にジャズ演奏が呼び物とされてきた状況が分かる。

当時の京都のカフェー状況を、生き生きとあらわした文章も見てみよう。1929年の5月から9月にかけて『大阪毎日付録 京都毎日』に連載され、翌年『京都新百景』として単行本化された。その中で、桂田栄明は、河原町三条から四条の新風景を描写している。

> 今や河原町もその頂点を極めんとして夜の河原町は一大カフエー街である。一町内に少なくて二三軒多ければ六七軒或ひはそれ以上、大小のカフエーがバラ撒《ま》かれたやうに散在して、何れも客の吸引策に秘術を尽くしてゐる。
>
> 美人女給、ジヤズバンド、ジヤズ小唄レコードに、モ・ガ・ボの胸を高鳴らせ、店の外観を特異にすることや内部の装置や電飾に注意を払ひ一人でも多くの客を誘ひ入れようとする努力の態《さま》は世相の断面を露《あら》はにさらけ出してゐる。
>
> 更《ふ》けるに従ひジヤズや金属製の唄声は次第に辺りに響き、ビルデイングの窓の灯りは次々に消されて、円タクは酔漢や男女客の争奪戦を路上に演じ、道を横切るさへ危険な位

に飛ぶ。

京都に新しく誕生した河原町というストリートにカフェーが林立している様子がうかがわれるが、ここでも特徴的なのは、音楽であり、女給であった。

これらからは、音楽、ジャズの氾濫が、１９２８年あたり以降に、京都でカフェーを中心に起きていた、ということが分かるであろう。

この状況は、１９２８年前後における、日本の音楽環境の大きな変化の時期と重なっており、またそれが背景にあったと考えられよう。ちょうど、アメリカ系のレコード会社であるビクターとコロムビアが、また、ドイツ系のポリドールが設立され、日本国内でのレコード生産を始めている。同

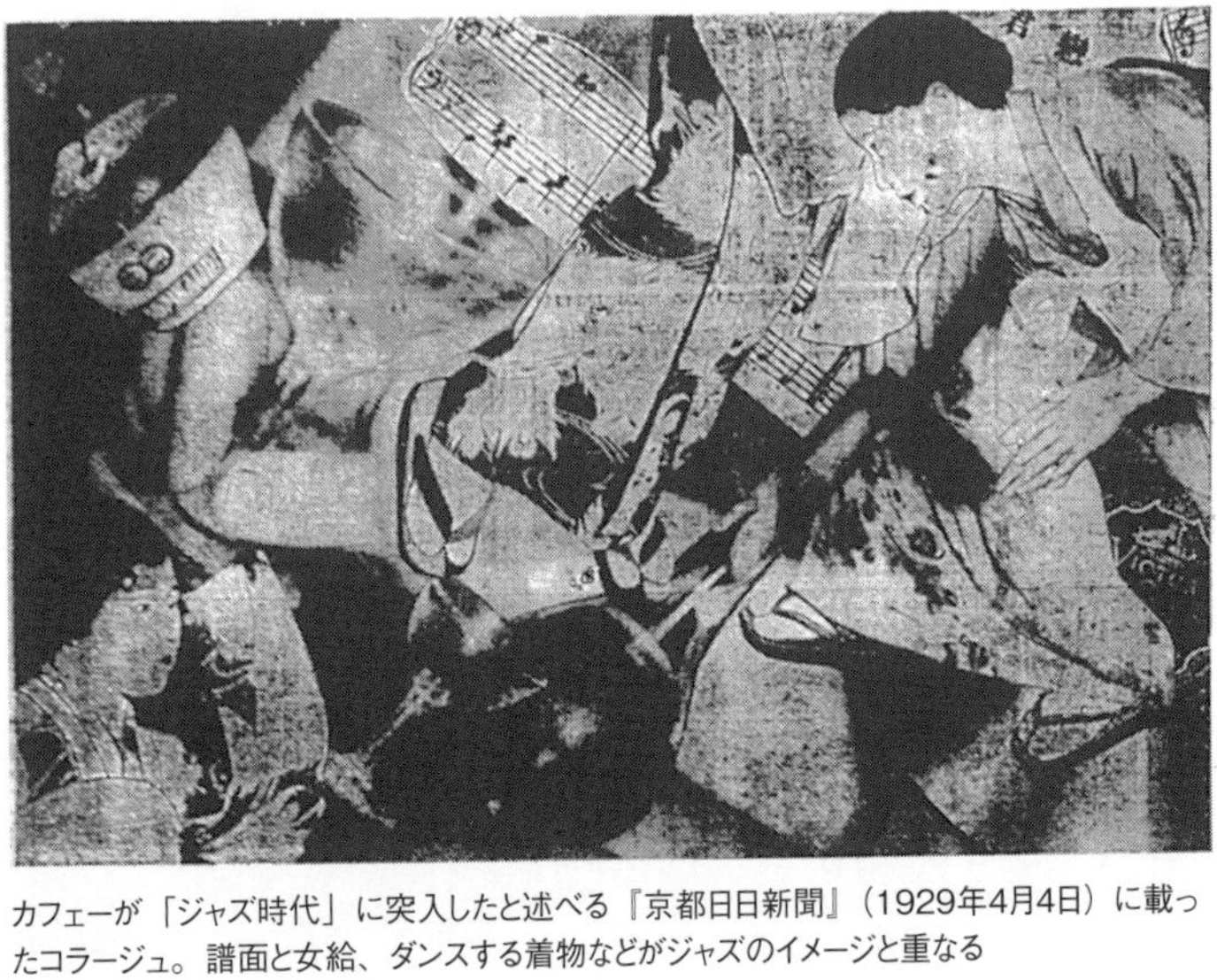

カフェーが「ジャズ時代」に突入したと述べる『京都日日新聞』（1929年4月4日）に載ったコラージュ。譜面と女給、ダンスする着物などがジャズのイメージと重なる

時期には、国内資本のキングレコードや帝国蓄音器（のちのテイチク）も生まれ、レコードの市場が開拓されていくのだ。その時、消費ターゲットの一つとなったのが、カフェーであり、カフェー側もこの音楽状況の進展を利用したのである。

　蓄音機によるレコード演奏は約3分であるが、バンドによる演奏は、自由がきく。機械での再生音楽が広がる中で、生の演奏は、より魅力的なものとして、より先を行こうとするカフェーの中に組み込まれていった。

　ダンスがカフェーを席捲《せっけん》した時と同様、ジャズの高まりに対処すべく、ここでも、警察による介入が試みられた。新しいこと、西洋的なこと、風紀《ふうき》における自由な在り方は、社会秩序を乱し、若い人々を不良化する、という図式が、警察やその大本である内務省《ないむしょう》には共有されていた。

　1929年3月10日の『大阪朝日新聞 京都版』では、カフェーの取締規則を発令して積極的に取り締まろうとする京都府警察の方針が示された。そこで問題とされているのは、「ひそ

大阪のカフェー美人座のジャズ舞台（『建築と社会』1929年3月号より）。ピアノやドラムが置かれた舞台を照明装置が縁取っている

かにダンスの練習を行はしめ」ることや「夜間会員制度として見るに堪へぬ舞踏会を行ふ」という事例であるが、ダンスや舞踏の背後には「音楽」があったのではないだろうか。

続く3月12日の『京都日日新聞』では「ジャズの禁止」という見出しが躍った。

　府保安課でカフエー取締規則を制定し近来時代の要求につれジャズ狂化したカフエーにおけるジャズ・バンドを断然禁止し風紀上忌《い》まはしい風評のあるカフエーの取締を峻厳に行ふべく草案を急ぎつゝある

注目したいのは、取締規則の制定が日程に上がっている、ということと、カフェー問題は二

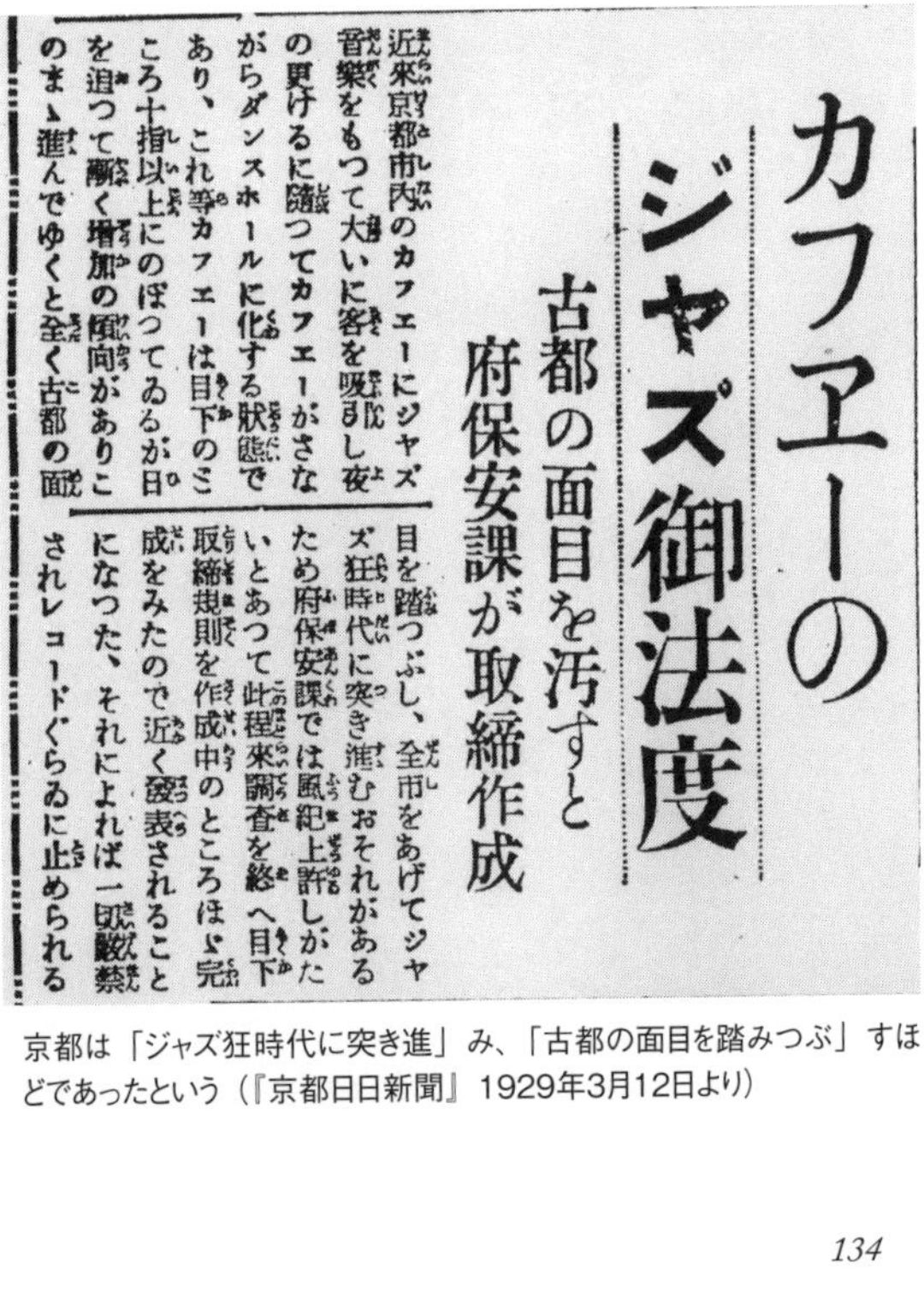
カフエーのジャズ御法度
古都の面目を汚すと
府保安課が取締作成

近来京都市内のカフエーにジャズ音楽をもつて大いに客を吸引し夜の更けるに随つてカフエーがさながらダンスホールに化する状態であり、これ等カフエーは目下のところ十指以上にのぼつてゐるが日を追つて漸く増加の傾向がありこのまゝ進んでゆくと全く古都の面目を踏つぶし、全市をあげてジヤズ狂時代に突き進むおそれがあるため府保安課では風紀上許しがたいとあつて此程来調査を終へ目下取締規則を作成中のところほゞ完成をみたので近く発表されることになつた、それによれば一般厳禁されレコードぐらゐに止められる

京都は「ジャズ狂時代に突き進」み、「古都の面目を踏みつぶ」すほどであったという（『京都日日新聞』1929年3月12日より）

つあるという捉え方だ。一つは「ジャズ狂化したカフエー」であり、もう一つが「風紀上忌まはしい風評のあるカフエー」である。前者は音楽つまりジャズ、後者は女給問題を指していた。

この記事のさらに大事な点は、カフェー経営者がインタビューされていることだ。「各カフエーのいひ分」として、オタビカフェー、菊水カフェー、カフェーローヤルの関係者が、京都のカフェーにおけるジャズについて語っている。当時の状況を知る貴重な直接的資料だ。

まずは、日和見《ひよりみ》的で音楽にはあまり熱心でなさそうなオタビカフェーの女将の話を聞こう。

> 府令で禁止されるのであれば仕方がありません。その時はやめます、意見としては何もありません

オタビカフェーは、第三章にも出てきた老舗のカフェーで、１９１３年（大正２）から創業していた。四条通りの八坂神社御旅所《おたびしょ》の東にあり、いまは、マクドナルド四条河原町店がある。「昭和九年六月　京極と其の付近地図」でもその所在を発見できる。新京極《しんきょうごく》が、北から四条通りに突き当たると左手だ。ここでもバンドを入れていたのかもしれない。音楽を流していたことは明白だが、女将は警察的介入に対してはあまりポリシーなく従順に受け入れたのだろう。

菊水カフェーは支店の支配人進藤が語っている。この菊水カフェーは、現在のレストラン菊水が経営していたもので、当時は本店が、いまもレストランがある四条大橋東詰北側にあり、

1926年初めに現在のビルを建てている。支店のビルは、四条寺町北東角に、1921年に建てられ開店していた。

カフエーのジャズ演奏はこの頃一流、二流を問はず何処もお客の吸引策としてやつてゐる様です。所《いわ》謂《ゆる》時代の要求でせう、現代の客は何か目新らしいことをやらねば満足してくれません。ジャズもこの意味でやつてゐるのですが府令で禁止されるとすれば止むを得ずやめなければなりますまいが、しかし客はこれを要求し府当局はこれを禁止するとなれば営業者は当然蓄音機によりこれを演奏して客に

1925年にマンガで描かれた菊水支店屋上（『京都日出新聞』1925年9月14日より）

満足を与へることになるでせう。東京、大阪ではカフェーでのジャズバンドは勿論のことステージダンスなどもさかんにやつてをり京都はまだ幼稚だと笑はれてゐる様な状態です

支配人の口ぶりからすると、菊水支店でジャズバンドの演奏があったのは明白だ。彼には、ジャズのバンド演奏が、客のニーズであり、それがあると、カフェーに客が入るという認識があった。バンドが禁止されても音楽への欲求は消えない。となれば蓄音機の導入しかない、という見通しだ。

　カフェーのサービスについての三都比較論も面白い。東京と大阪は、バンド演奏は当然で、ステージダンスもあるのに比べ、京都は「幼稚だと笑はれてゐる」。要するに、京都は遅れて

1928年の菊水カフェー（西田直二郎・西彦太郎編『近畿京都』1928年より）。外装は現在もほとんど変化していない

いる、というのであり、前に見た國分の意見と同じものだ。

カフェーローヤルの場合、主人の野原の考えが記事になった。このローヤルは、前章で見たように、ダンスで警察の鉄槌を下されたカフェーである。このときは、新京極六角の南東角にビルを構え、ジャズではないが楽師による演奏があるのは明らかである。彼の話もかなり興味深い。

府令で禁止すればそれに従はねばなりません。併《しか》し若《も》し実施されるとすれば組合の力を以てこれに反対し府当局に反省を求めます。音楽は現代民衆の要求するところでラヂオでも昼食時や夕食時には音楽を放送してゐる。然るに府当局がこれを禁止せんとすることは甚だ遺憾《いかん》です。私のところではこのごろではジヤズはやめ楽師を三人雇ひピアノやヴヰオリンによるクラシカルな音楽を演奏してゐます。これはジヤズとは全然異《ちが》ふのですが多分府令で取締るとすればこれもジヤズとみなされやめねばならないでせう

三人の中では、この野原が一番気骨を見せている。府令が出た場合、従わざるを得ないというものの、警察の取り締まりの融通《ゆうずう》無碍《むげ》さにかなり批判的だ。たとえジャズバンドだけを禁止したとしても、「クラシカルな音楽」の楽師による演奏もジャズとみなされるだろう、というのだ。ダンスで苦渋をなめた経験が言わせているのではないだろうか。しかし、音楽が求めら

れている当時の大衆文化状況を把握しており、それがバンドを入れているというローヤルの方針と関わっていたように思われる。

さらに、組合の力で「反対し府当局に反省を求め」る、とも言っている。この組合というのは、料理飲食業者の組合で、おそらく五条組合のことであろう。ただ、和食、寿司、仕出し系の店から、洋食、カフェー、喫茶系の店、そして、麺類を中心とした店まで網羅した組合であったため、互いの利害関係が複雑で、統一して力を発揮することはなかった。バンドの問題は寿司屋には無関係なのだ。そもそも設立が警察の指導にもよったので、その意味では、当局に反省を求めるのは難しかったといえる。

当時、１９２８年1月に発令されていた「京都府令第三号　料理屋、飲食店営業取締規則」が、カフェーを含めた料理飲食店を縛るルールであった。警察の介入もこれを一応根拠としていた。この中で音楽に関するルールは、第九条の「遵守事項」に一項あっただけである。

十、夜間十二時後は歌舞音曲其の他喧噪《けんそう》に渉《わた》る行為は為さしむべからず

つまり時間制限だけだった。夜の12時以前は、「歌舞音曲」は認められている、ともとれる。蓄音機も、おそらく想定されていない。

しかし、このルールではとても対応できないジャズの渦が、京都のカフェーから街に流れ出

1932年頃の大阪のカフェー赤玉（熊谷奉文『大阪社交業界戦前史』より）。赤玉は大阪で最大級のカフェーだった

ていたのだ。

3月21日の『京都日日新聞』によると、川端署は、19日から20日にかけて、管轄内のカフェーパリジャンを槍玉に、ジャズの取り締まりを励行した。カフェーパリジャンでは、12時を過ぎても「ジャズを演奏して近隣の迷惑をも顧みず騒」いでおり、町内から12時過ぎの営業を中止させてほしいという嘆願書が「続々提出」されている状況だったという。

店も問題であるし騒音は迷惑だが、客への影響も見逃せない。問題となる客の行動の一例を見ておこう。

たとえば「ジャズに浮かれ」て、働いていた店の「商品を横領する」という男も現れた。木屋町松原の半襟《はんえり》商に勤めていた24歳の男は、「華やかなカフェーに心そそられ」て、前年の10月頃から3月まで数十回にわたって現金を横領した。彼は、金を持って「大阪に走り」、道頓堀《どうとんぼり》の「赤玉《あかだま》、美人座、ユニオン」という当時の尖端ジャズカフェーで散財していたのだ。

このようにジャズという風潮は、若い人々を誘惑し堕落させるものとしても憂慮されていたのだ。警察の介入はこういう不良化の防止も目標としていた。

◇◇◇大阪大資本の到来

1929年5月に入って、京都の街でのジャズの渦に、もう一つの大きな波が重なるように襲来した。それは、小さな新聞広告から始まった。

1929年5月14日の『京都日日新聞』の求人欄に出た女給募集広告には、「女給大募集」「近日開業」「百名入用」「素人もよし」「川端四条上あけぼの跡」「美人座」という文字列が並んだ。

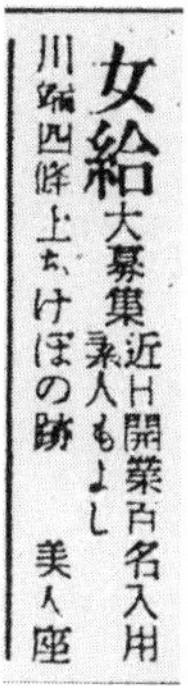

美人座の広告（『京都日日新聞』1929年5月14日より）

まず眼を惹くのが、募集数である。女給が「百名入用」とある。これまでの広告で、3ケタの数を掲げたものはなかった。4月のカフェーパリジャンの広告で「女給十数名募集」とあったのが、その時までの破格である。京都のカフェーの場合、女給の平均的人数は4、5名であったので、「百名入用」の数値の大きさは驚きをもたらしたであろう。そこからは、このカフェーの規模の大きさも伝わり、カフェー狂の期待をいやが上でも高めたはずだ。

一番末尾にある「美人座」も注目されたに違いない。美人座といえば、現金を横領してでも走りたい大阪の人気カフェーであった。この広告を素直に見ると、道頓堀の尖端的カフェー「美人座」が、京都に進出を企てている、ということが見えるはずだ。

もう一つ京都の人々の関心を引いたと思われるのは、「川端四条上あけぼの跡」の表示だ。1927年のダンス弾圧で、閉店に追い込まれたカフェーあるいはレストランあるいはダンスホールだった「あけぼの」の近代的ビルが、大阪式カフェーにリニューアルされるのである。のちの新聞記事で明らかになるが、家賃は1か月650円、コーヒーを基準にすると現在の300万円強にあたる。ちなみにこのビルはそのまま残っており、現在（2020年6月）は、「カカオ マーケット by マリベル 京都」が営業している。

美人座の開店は、5月22日だった。広告が出ている。「本店 大阪 美人座」とあり、屋号は「カフエー祇園会館」になっている。店名を変更していた。

『京都日日新聞』の事情通がその理由を明らかにしている。「美

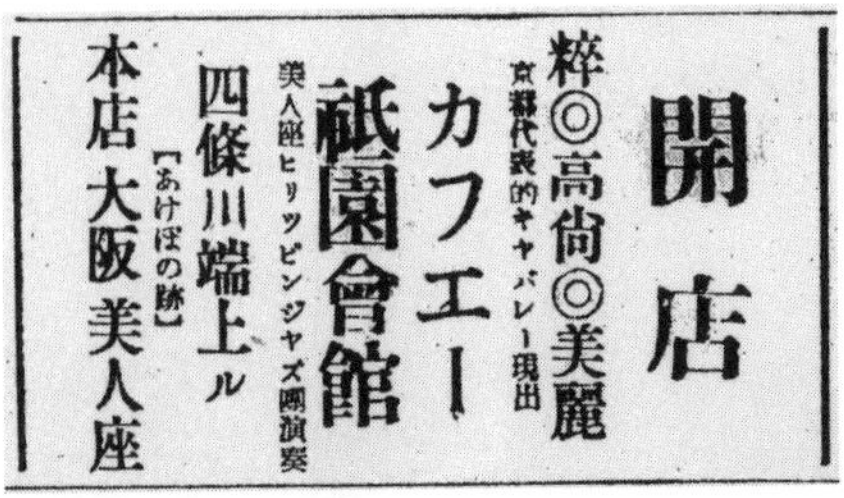

美人座は「祇園会館」に名を変えて開店した（『京都日日新聞』1929年5月21日より）

人座」という屋号は「風紀上甚だ怪《け》しからぬ」と管轄の警察署長が届け出を不許可にしたため堅苦しい「祇園会館」となったという。さらにステージダンスや「電気仕掛けの『点滅看板』」も言及されている。

広告に戻ると、「美人座ヒリッピンジャズ団演奏」をうたい、「キャバレー」を自称していた。大規模な大阪資本のカフェー／キャバレーが京都の祇園に出現したのだ。フィリピンからの演奏者による「本場」のジャズが、その質を保証していた。

このカフェーは近代の象徴ともみなされ「モダン」と形容される。『京都日出新聞』が5月末から6月初めにかけて数回にわたり連載した「近代京都風景」では、第4回目に「カフェー」が取り上げられた。「今ではカフエーの赤い灯が加茂《かも》のせせらぎを染めジャズが古い京都の巷《ちまた》に響く」と同時代の京都を描写し、その代表例の大資本カフェーとしてローヤル、スポーツ、祇園会館をあげた。なおスポーツは「サロンスポーツ」といい、4月8日に広告を出した河原町五条角の店である。

『京都日出新聞』が抽出する「近代性」あるいは「近代的な歓楽」は、「数多《あまた》の女給と云ふモダン遊女」と「ジャズの進軍の楽《がく》」である。コラージュ写真には、エプロンを外した女給と、ジャズを象徴する蓄音機の一部やレコードが配されている。

『京都日出新聞』はさらに、6月の終わりに、「モダンカフェー」のルポを3回にわたり掲載した。もちろん祇園会館が「モダン中モダンカフェー」として取材の対象だ。

「近代」を象徴する女給とジャズを結びつけたコラージュ（『京都日出新聞』1929年6月3日より）

まず目を引くのは、料金設定が高かった、ということだ。開店から2か月たっても「高い高いと評判を立てられながら相変わらず織るやうな雑踏」の店内とされる。高級高額キャバレーは、京都の客の心をつかんだ、というわけだ。実は、この年の初めに『京都日出新聞』は、「カフエー善導」という社説を掲載したが、カフェーは「簡単に加之《しかのみならず》安値に出入りが出来る」ところで、「僅少の資本を以つて」「経営」できるという認識だった。そこからすると祇園会館は「料金」においても当時の常識を覆すものだったのだ。

女給の名前、源氏名も工夫されていた。女給長の柳咲子《やなぎさきこ》、本名赤井よし子は、松竹時代劇のスターから名前を引用している。祇園会館の柳咲子は、「断髪と肌もあらはな青い洋装」で、4階まである会館ビルの女給70名を監督する。日活スター夏川静江《なつかわしずえ》を引用する女給もおり、裾《すそ》模様の訪問着姿で、エプロンはしていない。現在では分かりにくいが、夏川は当時現代映画劇に出ておりモダンガール的位置づけである。つまり、女給と女優が同一氏名で和洋逆転しているという遊びが施されていたわけだ。

女給たちはグループ化され各階を受け持ち、翌日はグループごと上の階に移動するシステムをとっていた。客は、大学生専門学校生からで、高校生は満員を口実に入れなかったらしい。京都府庁の役人から、日本のハリウッドとなった京都で活躍するスターまで来客している。坂《ばん》東妻三郎《どうつまさぶろう》や浅岡信夫《あさおかのぶお》が頻繁に出入りしているのが目撃されていた。祇園が近いこともあり、芸妓連れの遊客も目立ったらしい。

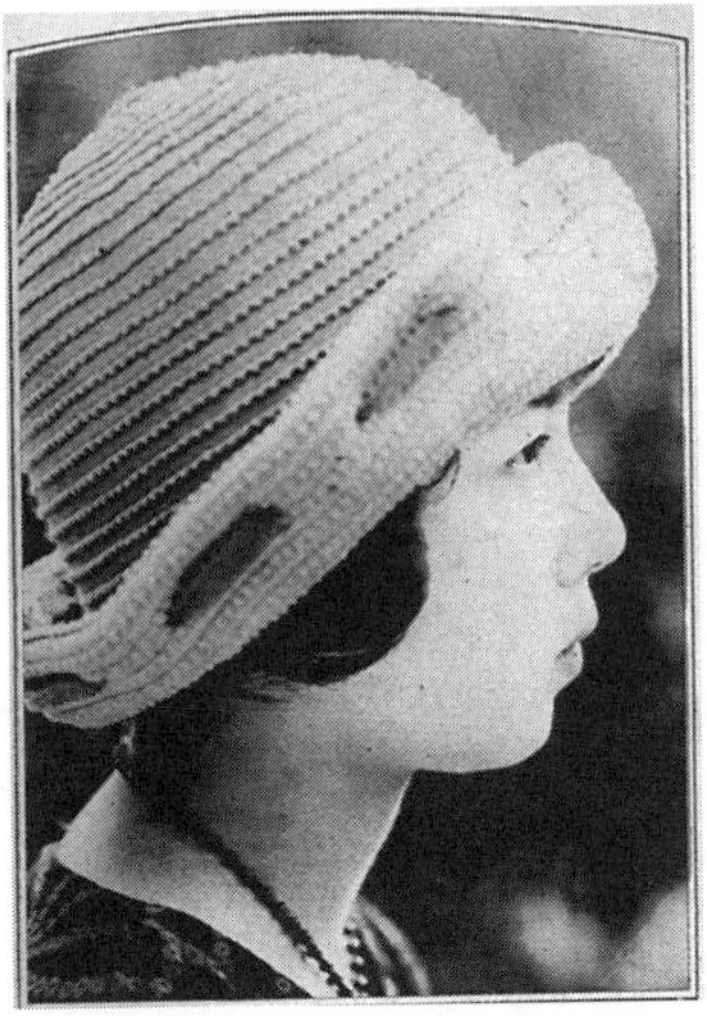

女優・夏川静枝（1909～1999）は、溝口健二監督作品にも主演する花形モダン女優だった（『日本映画年鑑第三年版』1927年より）

祇園会館の女給長・柳咲子（『京都日出新聞』1929年6月28日より）

祇園会館の柳咲子と夏川静枝（『京都日日新聞』1929年6月16日より）。二人はこの後、警察の取り調べをうけることになる

開店が何時かの情報はないが、閉店は午前2時だった。女給はすべて「通勤」だったので、経営者杉山正人による週1回の講話日以外は、会館前に並ぶ円タクで、毎夜午前2時きっかりに、自宅へ「景気よく引揚げて」行く。その光景が、近代京都の新しい風景を作りあげた。

「モダン中モダンカフエー」の連載さなか、祇園会館は警察の風紀取締りを受けた。6月26

川端四条の祇園会館の外観（『京都日出新聞』1929年6月26日より）。建物はほぼ同じ姿で現在も残る

日の午前2時、閉店と同時に所轄の松原署の特別捜査隊がカフェーから出た男女一団を尾行し取り調べた。男性たちは映画俳優、女性たちは祇園会館の女給と分かり、これをてこに祇園会館の女給たちを取り調べ、「拘留《こうりゅう》」や「解雇命令」を発した。

ただ新聞によれば、京都の府会議員に縁故があり後援も受けているレストランが、祇園会館の繁盛と、自分たちの減益を結びつけ、議員を動かして警察に取り締まらせたのだ、といううわさも流れた。

「エロ」の大波

「モダン中モダンカフェー」ルポの最後のまとめは重要である。

この記事の筆者は、大阪のモダンカフェーの京都進出現象こそ事の本質だと論じた。美人座の支店である祇園会館が唯一の例ではない。赤玉《あかだま》の支店とのうわさのある乙女《おとめ》食堂も、河原町仏光寺《ぶっこうじ》に建設中で開店準備を進めている。6月12日の『京都日出新聞』では、店員募集広告を出していた。「美人女給数十名」「女子案内係数名」「女子事務員数名」「男ボーイ拾名」と、大規模でシステム化されていることが見える。コピーには「京のムーランルージュ」「世界的ジャズ演奏」が躍る。さらにこれも大阪資本であるユニオンも祇園石段下《いしだんした》の平野家食堂を手に入れたといううわさが流れていた。女給を商品化した大阪式の大規模高級カフェーの大波がやってきており、京都のカフェーシーンが大きく変容するとの予想が立てられる。

これまでは、京都のカフェー事情はおだやかな「日本画模様」だった。大阪からの大波によってそれは塗り替えられる。「構成派や感覚派や表現派の油絵模様への変化」が「現実化しその色彩を強からしめ」、「カフェー昭和時代」が京都に訪れる。「警察のヤキモキする所以《ゆえん》である」と結論づけた。

7月に入ってすぐ、まずは「ジャズ御法度」が当局により打ち出された。演奏は許可制、無届や「店内に演奏所」を持たない場合、「カフエーのジャズは断然禁止する」ことになった。このため、7月3日夜あたりから「カフエーのジャズが殆どきけなくなつた」という。

しかし、その後の展開を見ると、京都でも大規模カフェーは定着し、大阪資本の「モダン」カフェーは、京都での経験を学びながら、翌1930年、銀座へ、強大な「エロ」の波となって襲いかかったのである。

マッチラベルを一つ最後に見ておこう。

乙女食堂の広告（『京都日日新聞』1929年7月23日より）。乙女食堂では「ジャズ、小唄と民謡の夕べ」と題し、レコードコンサートなども行われた

祇園会館の1周年記念のマッチだ。1930年5月のものと推定できる。そこにあるコピーを見よう。「美人座大管弦団」「美人座ジャズバンド」「美人座キネマ」「美人座トーキー」「美人座ダンス」と、1周年記念の出し物が並ぶ。描かれたイメージはバレエダンサー、バンドマン、祇園会館ビルである。

1929年の京都への殴り込みは成功し「断然斯界《しかい》の王」になった、と宣言しているように見える。

開店1周年を記念した祇園会館のマッチラベル（三好一『広告マッチラベル――大正昭和』紫紅社、2010年より転載）

第六章　カフェー時代の終わり

『「いき」の構造』の出発点

九鬼周造《くきしゅうぞう》という哲学者がいた。『「いき」の構造』で知られている。
その九鬼周造を、若き日の桑原武夫《くわばらたけお》は、京都のカフェーで目撃していた。

そのころ南座の前の疎水《そすい》に沿って上って突き当たったところに「美人座」という大きなカフェがあった。九鬼さんはそこへもよく来ておられたが、お供の女たちや集まってくる女給たちに、めいめい好きなものを注文させ、ご自身はあまり酒はのまず、静かに紅茶など召上っていらっしゃる模様であった。私はごあいさつはせず、隅の方から遠望していただけだが、ほかのお客の注目を集めていたことは間違いない。

カフェーの隅の方から遠望している「私」が、若い仏文学者の桑原だ。「九鬼先生の遊び」という文章によると、彼はこの時大阪高校の教授職を得ていたという。いつの目撃談かは明確ではないが、１９３２年（昭和7）以降で30年代半ばまでのことだろう。

「美人座」とは、前章で登場した、大阪系大型モダンカフェー「祇園会館」のことである。「南座の前の疎水に沿って上って突き当たったところ」と、その位置を正確に記している。九鬼はそこへ、舞妓、芸妓、女将など「お供の女たち」を引きつれてよく遊びに来ており「ほかのお客の注目を集めていた」のである。

九鬼周造とカフェーの詳しい関係は分かっていない。しかし、彼が１９２９年の京都でのカフェーに深い関心を寄せていた記録、「カフェーとダンス」という原稿は残っている。

九鬼は、１９２１年（大正10）7月に東京帝国大学大学院を退学し、10月にヨーロッパへ留学した。ほぼ8年間かの地で哲学を研究し、フッサール、ハイデガー、ベルグソンなどと交流した。29年1月末にアメリカ経由で帰国、4月から京都帝国大学文学部哲学科の講師となった。その7月に「カフェーとダンス」というエッセイは書かれている。京都のカフェーが狂乱状態にあった年のことである。

この「カフェーとダンス」を読んでみよう。

九鬼は、「目下、京都ではカフェーの存在が、風紀上の考察点すら一つの問題となっている」として、自身の関心を強く引いていることを告白する。カフェーの状況を把握するために河原町を散歩し観察したようだ。「三条あたりから五条あたりまで歩いてみただけでも、このことが問題となるのが必ずしも無理とは考えられない」と語っている。

九鬼による当時の京都のカフェー定式化はなかなか興味深い。これは、京都のカフェーだけではなく、同時代の日本のカフェー一般の特質や性格をうまくつかみだしている。

> カフェーはその名の示す如く飲食店の一種である。しかし、そこには飲食物の給仕の役を

する女給が居る。客は飲食を目的としてカフェーへ行くべきはずが、むしろ女給を目的としていくようになってくる。女給も飲食物の給仕よりもむしろ客に媚《こび》を呈《てい》することを主要の目的とする傾向を生じる。客と女給との双方の心理状態に目的変生の原理が行われて来るのである。このような事情からカフェーの女給は異性的特殊存在様態として今や社会的に顕著な確的な意味に化しつつある。

女給がいる飲食店、カフェーを利用する客の本来の目的は、飲み食べることだ。だが、飲み食べることは二の次、建前になり、女給に会うこと、接客を受けることが、カフェーに行く目的になる場合がある。京都ではそうなっている、と九鬼は見た。

女給もそれを了解している。そのため、給仕ではなく「媚を呈することを主要の目的」とするようになるのだ。これは、女性の商品化、あるいは「性」の商品化、「媚態《びたい》」という商品の提供売買、と言い換えることができるだろう。

そのうえで、九鬼は、「カフェーの女給は異性的特殊存在様態として今や社会的に顕著な確的な意味に化しつつある」とまとめる。「異性的特殊存在様態」とは、何とも難解な言葉である。

この反対語、対概念は、「家庭的な異性通路」だ。夫婦間の関係やコミュニケーションを指している。九鬼は、日本では、夫婦間でのこの通路が「今もってほとんど妨止されている」と捉えていた。そのため、「異性との通路」という「人間自然の欲求」は「家庭」とは別のところで「成立」せざるを得なくなる。こうして、特殊な異性の在り方（「異性的特殊存在様態」）が社会の制度（九鬼の用語では「社会の施設」、つまりカフェー）として広まり定着しているというのだ。

九鬼が生きた、１９２９年の春から夏にかけての京都でのカフェーと女給の在り方から、この難しい言葉は概念化されたものであろう。重要なのは、これが、雑誌『思想』の論文を経て単行本『「いき」の構造』での「異性間の通路として設けられてゐる特殊な社会」という考えへとつながっているということだ。その点に注目すると、『「いき」の構造』という著作の出現を後押ししたのは、実に京都でのカフェー環境であった、と見ることができる。

ところで、カフェーの展開という面について、論文「カフェーとダンス」では、二つの重要な事柄が指摘されている。一つは、芸者と女給には同じ社会的働きがある、とする点。もう一つは、時事的な事項であるが、大阪商工会議所による「カフェー討伐《とうばつ》」問題や、警察による取り締まり問題を分析批判した点だ。

九鬼は、大阪商工会議所の総会でカフェー討伐の決議がなされたことと、大阪商工倶楽部がカフェー改善を警察部長へ陳情したという出来事を取り上げる。どちらも当時の新聞紙上をにぎわした。彼は、前者の裏には「『不良老年』の有産階級的僻見《へきけん》が蠢《うごめ》いてい」るとし、後者の陰に「卑劣な利己心が醜悪な偽善の姿で潜伏してい」ると分析する。「異性的特殊存在様態」の二つの形である芸者と女給のうち、女給だけを非難し圧迫するのはおかしい、というのだ。

茶屋や芸者に比べると、カフェーと女給のほうが近代的で民衆的である。合理性という点では圧倒的に優位な立場にある。そうした点を無視した無意味な干渉や圧迫がなされているとして、京都府警察の松原署による服装取り締まりを例としてあげた。これこそ、茶屋や待合《まちあい》にくらべて些細な面に干渉し、より大きな圧迫を加えるという「時代錯誤」な対応である、と九鬼は批判したのである。

全体として、当時のジェンダー構造についての根本的批判はなく、男性中心的な見方となっている。とはいえ、分析としてはしっかりしており、カフェー・女給問題の評価も妥当だろう。ただ、このエッセイ・批評と、九鬼のカフェー遊びがどう関係するのか、そこはもう少し資料が出てこないと明確にはならないのが残念だ。

ところで九鬼が「些細な干渉」と非難した松原署の女給の服装取り締まりに目を向けよう。京都府の警察は、１９２７年（昭和２）ころから、まずカフェーで流行するダンスを取り締まり、実質的に禁止した。翌年に入ってからはジャズを標的にした。ただ、警察のカフェー取り締まりにはそれなりの歴史があり、また、対応の変化がある。さらに言えば、１９３０年代以降のカフェーの動向を大きく規定する要因にもなっていく。少し振り返りながら、その流れを見ていきたい。

警察の「風俗」取り締まり

1911年（明治44）にカフェーが登場した時、店舗が少数で、でき始めということもあり、警察の目立った介入や取り締まりはなかった。少し時代が進むと、不良少年のカフェーへの出入りに注目が集まるようになる。不良少年たちは、飲酒や、他の客を脅したり、店に金を要求したりするいわゆるカフェー荒らしに関係しており、警察は、少年やカフェーを守るという名目を立てながらカフェーの取り締まりをするようになっていく。さらに踏み込んで、カフェーの建築構造に注意を与えたり、カフェーが舞台となった不法活動たとえば賭博や売春を取り締まるなどした。ただ、この場合も組織的計画的ではなく、散発的なものにとどまっていた。

当局の介入や取り締まりが大きく変化し、計画的積極的にカフェーのあらゆる面に影響を与え始めるのは、関東大震災（1923年）以後と考えられる。これにはカフェー側の変化も関係していた。まず、店舗数の急増、加えて、ダンス営業の導入に象徴されるような、カフェーでの営業内容の多様化・分化の進行、さらにそことの関わりで進んだ、女給の商品化であった。

警察側の同時代資料として、1934年（昭和9）に出版された重《しげ》田《た》忠保《ただやす》著の『風俗警察の理論と実際』という本がある。そこにはこういう記述がある。

> 大正十三年〈1924年〉には、カフエー、バー等に於てすら怪しげなレコード伴奏に合

> せてステップを踏むものがあるに至つた。…社交ダンスそのものが本質的に咎《とが》むべきものでないとしても、兎も角男女相擁して踊るのである。風紀上の取締は忽《ゆるが》せには出来ない。殊にカフエー、バー等で酔余女給と客とが踊るのは甚だ以て宜しくない。かうした趣旨から警視庁は、大正十三年九月爾後飲食店に於ては、来客たると雇女たるとを問はず絶対にダンスを禁ずる旨の通牒《つうちょう》を出した。

重田自身は、このダンス禁止をカフェーの取り締まりとは位置づけていない。しかし、この書き方からは、ターゲットがカフェーとバーだったことは明白であろう。１９２４年９月のことである。通牒名は「飲食店営業取締ニ関スル件」であったが、ここから、カフェーを対象とする系統的取り締まりがスタートしていく、と考えてよいだろう。

この通牒は、警視庁保安部長から出されたものであり、東京府下に限っての取り締まりであった。また、規制は限定的で、カフェーなどの営業内容を一部制限するものである。その一つに、ダンスをしてはならないという禁止事項が含まれていた。

ところで、カフェーなども含む飲食店や料理屋、遊郭や茶屋、芝居や映画などは、大きく「風俗」と、当時は捉えられていた。その風俗は、警察が取り締まり「善導」すべき領域だった。ただ、規制は全国的に統一されていたわけではない。カフェーを含む料理飲食店の取り締まりは、地方ごとの実情に合わせて行うという原則があったのである。したがって、カフェーを含む料理飲食店に対する規制も、各府県で独自・独立になされ、全国的規準はなかった。

京都では、１９２９年7月5日に「カフエー取締ニ関スル件」が、府知事から各警察署長あてに伝達された。ここでは大きく三つの領域で、カフエーやそれに似た形態に制限を加えている。一つは「時間」で営業時間だ。二つ目が「営業場所」であるが、これは内装といった面から営業内容までを含む。三つ目が「女給」である。

「営業時間」は、日の出から午後12時までと規定された。

この点にかかわる当時の証言が残っている。「カフエー取締ニ関スル件」が発せられる以前の5月10日、交通整理で京都市民にも「カミナリ巡査」としてその名がよく知られていた田中猷吉巡査部長が、その日の四条河原町交差点について五条署長へ報告をしている。

京都市西洋料理有志大会にて、京都府警によるカフェー取り締まりの在り方に反論する女給（『大阪朝日新聞』京都版1929年8月29日より）

午前三時過ぎになると殆ど行人の絶えた街頭に俄然モガの一隊が右往左往いたします。これは付近にある百に近いカフエーから塒《ねぐら》に帰るウエートレスの群であります。その疲れた姿を見ますとこれが多く交通頻繁であつたら何れも電車、自動車の事故の種になる者であらうと思はれます。

また、建築家で京都帝国大教授だった武田五一《たけだごいち》による同じ年の目撃談も残っている。彼は、午前0時半の千本丸太町交差点で「カフエーから出た」「不思議な女性が市電に乗る」のを見たという。たぶん、閉店後の女給であろう。京都市内では、午前0時を過ぎてから、帰宅する若い女給に遭遇することが珍しくないほど、カフェーの深夜営業が広がっており、ふつうは午前2時の閉店であった。

「営業場所」の制限として重要なのは、「奏楽室」「舞踏場」を設置することを禁止したり、「ジャズ、オーケストラ其ノ他高声音楽等喧噪《けんそう》ニ渉《わた》ルモノハ演奏セシメザルコト」と、ダンスやジャズ（音楽）自体をターゲットとしていることであろう。１９２９年までの京都のカフェー状況への警察的対応が、文書で、オーソライズされたのである。

「女給」への制限も興味深い。「女給」の通勤、客引き、客との同伴外出などの禁止が規定されていたが、いずれも、売春へのつながりを恐れての措置と考えられる。

また、女給の営業行為や、営業時の服装に対する制限も詳細である。

ダンス又ハ芸妓ニ紛ラハシキ行為握手接吻及卑猥ナル所作ヲ為サシメザルコト
女給ノ服装ハ著シク俗悪華美ニ流レ又ハ故《ことさ》ラ薄物着用シ若《もしく》ハ異様ノモノタラシメズ、且《かつ》和服ノトキハ白色「エプロン」ヲ着用セシムルコト

この服装に対する規定こそ、九鬼が無意味な干渉とみなしたものであるが、白色「エプロン」の着用を制度化しようという意志は注目しておきたい。

◇カフェー全盛時代

京都は、全国の道府県に先駆けて、このようにカフェーへの取り締まりを知事からの通達で事細かに明文化した。これに続き、同年の8月になると、内務省が、カフェーの取り締まりに乗り出すことになる。地方ごとの規制ではなく、全国的な取り締まり規準を作る動きが現れたのである。8月18日付の『東京朝日新聞』ではそのことが報じられた。

近代的現象のもつとも著るしいカフエーの激増は世をあげて注視の焼点となつて最近では大阪におけるカフエー営業者と商工会議所員の紛争があり各府県ともこれが取締りには手

を焼いてゐるので、内務省では遂に全国的に取締り方針をきめることになりそれがため、来る十九日全国各府県に照会を発する事になつた
即ちこれによつて集められた材料を基本として方針を確立するもので、内務省が今回程公式に広くカフエー調査を行ふのは今までにない珍事である。すでに内務省には部分的に達してゐる報告もあり今春貴（族）院において質問せられた「取締法制定の意志なきや」に対する答弁用記録もあり…

内務省が立案したこのカフェー調査は、「昭和四年『カフエー』ニ関スル調」としてまとめられた。現在国立公文書館が所蔵し、デジタルアーカイブで公開されている。そこには、１９２９年末時点でのカフェー数と女給数についての道府県別の統計資料がつけられている。全国のカフェー数の合計は2万１８０６軒、そこで労働する女給は、５万５３１６人と把握された。

市制施行地、すなわち「市部」とそのほかに分けても集計されている。最もカフェーが集中していた東京の場合、市部には、３３３５軒のカフェーが確認され、そこで働いている女給数は、１万１０９人であった。次にカフェーが多いのは大阪で、市部では２４６３軒あり、女給は９８６３人を数えた。京都の場合、府県別で言えば、カフェー数で全国7位、女給数で全国6位だった。京都市には４９９軒のカフェーがあり、１７２９人の女給がいたという数値が残されている。

特徴的なのは、「一ツノ『カフエー』ニ於ケル女給数」の調査である。ここでは「最多」と「普通」と「最少」の人数が記載されているが、「最多」の数値を検討しておこう。大阪では最多が「１００人」となっている。女給数が3ケタであるのは大阪だけで、大カフェーが道頓《どうとん》堀《ぼり》筋に連なった状況を反映している。次に多いのはなんと京都であった。女給が最も多いカフエーでは「60人」となっている。祇園会館の女給数より10人少ないが、大阪モダンカフェーの京都進出を示す数値だろう。第3位は東京で、「50人」、カフェータイガー、あるいは、サロン春あたりの数値の可能性が高い。第4位は愛知県で「30人」。規模的には、京都の半分というところだろうか。

こうした数量的な調査以外に、各府県でのカフェーや女給の実態についてや、府県ごとの取り締まりの特質などもまとめられ、全国的な取り締まりに向けての情報の収集と整理がなされていたことが分かる。ただ、１９３３年（昭和8）にも詳細な調査がなされるが、結局全国統一での取り締まり規準は作られなかった。内務省の調査などを参考として、道府県ごとの規制で進むことになる。東京では、１９３３年に「特殊飲食店営業取締規則」が作られ、京都では、翌年5月29日に府令として「カフエー営業取締規則」が定められた。

１９３０年の京都市に戻ろう。4月25日の『京都日出新聞』では「京都市の真中に日本一のカフエー街／河原町通りに二百軒もできた／東京人も大阪人もこの凄さには目を瞠《みは》る／不景気風はどこを吹く」という見出しが躍っている。

京都市の真ん中に…立派なカフエー街が現出した、…河原町三条から七条内浜までの大通りの両側がそれである。河原町四条を下るあたりは普通の商家を中に挟んで赤い灯青い灯の照明華やかに殆ど一軒置きの元禄模様だ。

これも昨年夏ころからめつきり増えたもので今では河原町通りの五条署管内だけで百三十余、これに七条署管内を加へれば恐らく二百といふ驚異的な数を見るであらう、一軒客平均二十人と極《ご》く内輪に見積つても四千人のカフエー党が毎夜ジャズに浮かれカクテルに酔ふのだからここばかりは不景気の声も影が薄い、…競争が生れ…二百軒のカフエーがそれぞれ照明に、建築様式に女給の容姿に、ジャズに、サービスに人目をひくべく客を吸ひ寄せるべく尖端的な色彩と気分を河原町通りに放射して…驚きの目をみはらさしてゐる。

「乙女食堂」の広告（『京都日出新聞』1930年1月1日より）。
「躍進！又躍進！新京都文化の建設」と謳っている

1931年（昭和6）の1月に入っても「カフエー全盛時代」であると『京都日出新聞』の記事が語っている。京都府保安課の調査では、1930年末に、市部で688軒のカフェーに2190人の女給が働いていた。

◇カフェーの退潮、喫茶店の増加

しかし、2年後の1933年になると、2、3年前から少しずつ増えてきた「おでんや」が、値段の安さや、営業時間規制のなさなどもあって、急速に店舗数を増やしていた。警察としては、蓄音機を置いたり女給を雇うという「おでんやのカフェー化」に対応する必要性が出てきていたのである。おでんやばかりではない。もともとカフェーとジャンル的には重なっていた喫茶店も、カフェーとの差別化を図りながら、広がりを見せるようになっていた。

内務省警保局からの新たな調査依頼のため、京都府警が行った「カフェー、バー、喫茶店、レストラン」の調査について取材した『京都日出新聞』記者は、1933年末での京都市の店舗数を報道している。それによると、京都市内で、カフェーが578軒、バーが98軒、喫茶店が149軒、レストランが13軒と数えられていた。

「昭和四年『カフエー』ニ関スル調」に続けて行われた2回目の調査の報告も、同じデジタルアーカイブで公開されている。残念ながら、表紙や奥付はない。したがって、文書名もはっきりしないのだが、デジタルアーカイブでは「カフェーと女給」という名称がつけられている。作成部署は内務省警保局、作成年は、調査内容や先の『京都日出新聞』の記事を参照すると、１９３３年年末か、34年初め（1月）と推定される。各種数量的調査は、33年の11月に行われたようだ。（以下、「カフェーと女給」調査報告）

「カフェーと女給」調査報告を見ると、京都市内の交通量が多い「表街」にあるカフェーは３５４軒、「表街」に近接するところにあるのが３２２軒だった。「表街」では、河原町通りに１０９軒と一番多く、西陣の中心千本通りに53軒あったとされ、２番目に多かった。ただ、「近来収支相償うふもの極めて少なく何れも不振の状態なり」と付記されてもいた。１９３０年４月に河原町通りではカフェー数が２００軒と推計されたので、３年で半減したことになる。33年末、あるいは34年初めの段階で、京都におけるカフェーの全盛期は去り、衰退へ向かう様子がコメントされていた。代わって登場するのは喫茶店であった。

「カフェーと女給」調査報告では、各都市のカフェーと喫茶店の客筋調査とその比較も行っている。警察によるものだが、記録として貴重だ。

カフェーと喫茶店を、「一流」「普通」「小さきもの」に分けて、京都の場合は3店舗ずつフィールドワークされている。

カフェーについてまず見よう。一流店としては、「カフエー高橋／河原町通仏光寺《ぶっこうじ》上ル」「八《マ》百《マ》政／四条通木屋町角」「交潤社《こうじゅんしゃ》／同所」、普通店として、「カフエー花嫁／河原町四条下ル」「カフエー雛鳥《ひなどり》／同所」「カフエー三笠《みかさ》／同所」、「小さきもの」として、「カフエーカナリヤ／河原町三条下ル」「カフエー八千代／同所」「カフエー葵／同所」が調査された。

選ばれた店舗は、いずれも河原町通りに面するか、四条小橋の近くである。「カフエー高橋」は、「サロン京都高橋」のことであろう。本店は大阪心斎橋《しんさいばし》で、大阪資本だ。１９３０年に京都に開店したらしく、美人座の京都進出に追従したのであろう。「交潤社」は、四条木屋町東北角の地下にあったカフェーである。織田作之助の名作「競馬」（１９４６年『改造』4月号に発表）では、「交潤社は四条通と木屋町通の角にある地下室の酒場で、撮影所の連中や贅沢な学生達が行く、京都ではまず高級な酒場だった」と描かれている。八百政は、「矢尾政」のことと推測される。当時の京都では、「矢尾政」はレストランというジャンルであったが、一流カフェ

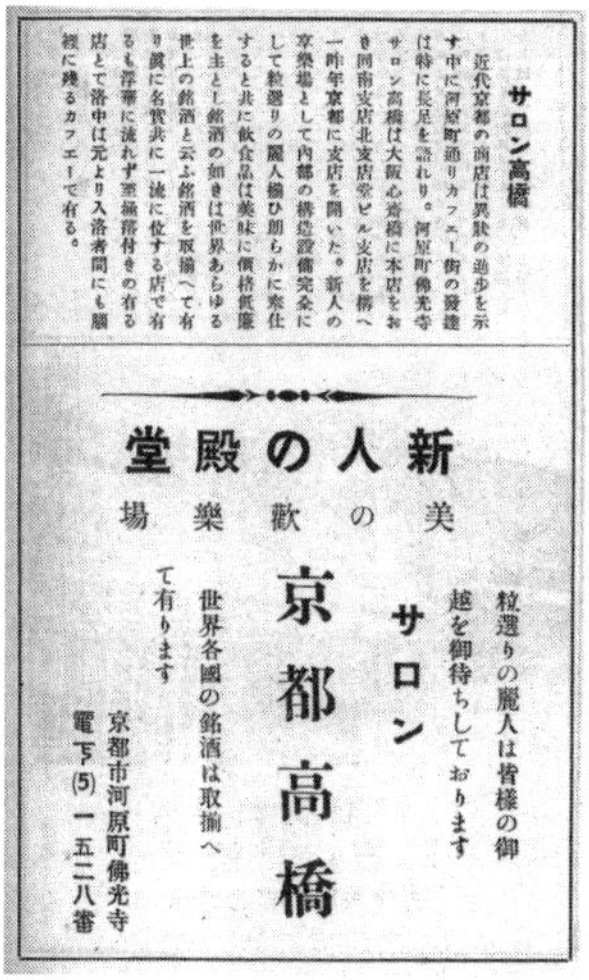

サロン京都高橋の広告（『大京都市観光案内』1932年より）

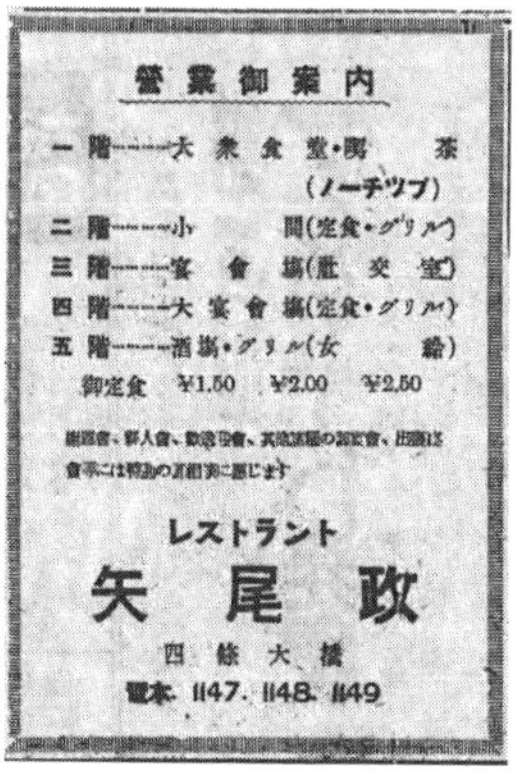

矢尾政の広告（『京都帝国大学新聞』1933年9月21日より）

ーという認識もあったことが分かる、『京都帝国大学新聞』に載った同時期の矢尾政の広告を見ると、5階は「酒場・グリル（女給）」と書かれており、カフェー的バー的なサービスを提供していたことが見える。京都府警が、カフェージャンルに入るものと捉えても不思議はない。

「普通」クラスは、すべて「河原町四条下ル」が所在地であった。このうち「雛鳥」は、戦後の、1962年に出版された『京都味覚散歩』で「京都の酒場の草分けというと、四条寺町の『菊水』がある。河原町四条下ル『ひなどり』や『タイガー』も古い」と紹介される店だ。「花嫁」と「三笠」については未詳である。

「小さきもの」の3軒は、河原町通り沿いだが、四条より北に位置している。いずれも「昭和九年六月　京極と其の付近地図」で位置を特定できる。

喫茶店も同じく3軒ずつ、9軒が調査の対象となった。一流店としては、「ブラジレーロ／河原町四条下ル」「熊谷食料品店／同所」「長崎屋／同所」、普通店として、「山一／三条河原町角」「八百文支店／四条御旅町《おたびちょう》」「若狭屋／河原町四条上ル」、「小さきもの」として、「万〇堂／新京極《しんきょうごく》仲ノ町」（「〇」は判読不能）「神楽／河原町三条下ル」「ツボミ／四条通長物町」だった。

喫茶店で、説明を加えることができるのは、「ブラジレーロ」「熊谷食料品店」「長崎屋」「山一」

カフェーひなどりの広告（『大阪朝日新聞』京都版1934年5月10日より）

「八百文支店」である。ほかの4店舗については残念ながら追加できる情報はまだ見つかっていない。

ブラジレーロは、『喫茶店の時代』（林哲夫）によると1930年（昭和5）1月に梅田に1号店を開店して以降全国展開したチェーンの喫茶店である。京都には1931年（昭和6）に開業した。詩人の天《あま》野《の》忠《ただし》は、ここが濃い味のうまいブラジル珈琲を飲ます店として記憶している。

ブラジレーロの内装（『京阪神「明りの名所」』1933年より）

熊谷喫茶室の広告（『大阪朝日新聞』京都版1934年5月4日より）

熊谷食料品店は、「熊谷喫茶室」とも名乗っていた。1934年5月の『大阪朝日新聞』京都版には、広告を掲載している。「群を抜くコーヒ」「香・味」「四条ブチのオアシス」をコピーとしていた。

長崎屋は、創業は192

6年、はじめ河原町丸太町にあったが、四条に進出してすでに古いと『京都味覚散歩』で、臼《うす》井《い》喜之介《きのすけ》が紹介している。戦後まで続いた。

山一は、「パンホール」を名乗っていた。今は消滅したジャンルである。焼きたてのパンを中心として、コーヒーなどの飲み物も提供する店であった。京都の喫茶店の老舗として現在有名である「進々堂京大北門前」も「進々堂」支店であった時、パンホールを名乗ったことがある。

「八百文支店」は、祇園石段下《いしだんした》に本店があったフルーツパーラーである。本店がフルーツ専門となったのは大正末であると、『新編京都味覚散歩』では語られた。

山一パンホールの外観（『新建築』1927年3巻10号より）

八百文四条店の外観（『京阪神「明りの名所」』1933年より）

「カフェーと女給」調査報告の客筋調査に戻ろう。ここでは、各府県で選択された「一流」「普通」「小さきもの」のカフェーと喫茶店で、客を階層別、男女別でカウントしている。全体的に見ると、カフェーの場合、「一流」ではサラリーマン階層が労働者階層より多く見られるが、「小さきもの」では、逆転していることが分かる。喫茶店では、どのタイプでもサラリーマン階層の客が圧倒的に多い。内務省は、さらに「刮目《かつもく》せられるは喫茶店において学生が増加し労働者が特に減少すること」としている。

　性別で見ると、全国的傾向では、カフェーに比べ喫茶店は女性の利用が多い。データを計算しなおすと、カフェーの女性客は、６・２％だが、喫茶店では13・４％となっている。内務省は、「喫茶店ではカフエーに比し女性の利用一段と多きを見るは最も注意を要するところである」と結論づけている。どういう注意を要したのだろう。

　ただ、視点を京都に向けると、喫茶店よりもカフェーのほうが女性客率は高い。その場合「接客業婦」がかなり目立つが、これは、舞妓や芸妓を客がカフェーに連れてきている、という様子を示していると考えられる。つまり、九鬼周造のカフェーでの行動様式そのままといえよう。

　「カフェーと女給」調査報告から見えるのは、カフェージャンルの分解という現象でもある。「昭和四年『カフエー』ニ関スル調」のときは、わざわざ喫茶店を別建てで調べる必然性はまだ見えていなかった。しかし、１９２９年から33年までの４年の間に、カフェーから喫茶店が分離し、両者の差別化が進んでいたのである。

『京都日出新聞』記者は、1934年1月あたりの状況をこうまとめている。

大体の形勢はカフエーが漸次衰微して喫茶店が急激な興隆振りを見せ従つてチップ稼業の女給の懐《ふところ》具合《ぐあい》が二、三年前に比べるとグンとお寒くなつた模様である

分離や差別化は別な形でも表現されていた。例えば、1934年1月1日発行の、『昭和九年 京都百番附』というパンフレットを見てみよう。そこに「レストラント・喫茶店・カフエー番附」が載っている。

番付の東側が、レストラン（洋食）、喫茶店、フルーツパーラーの店舗、西側が、カフエー（あるいはバーと酒場）の店舗と見てよいだろう。

1933年、「特殊飲食店営業取締規則」が東京で、翌年、

レストラント番附
喫茶店・カフエー

蒙御免

横綱 矢尾政 四條大橋 洋食
大關 萬養軒 洋食
關脇 菊水本店 四條大橋 洋食
小結 東洋亭 洋食
前頭 菊水支店 洋食
同 スター食堂 洋食
同 村瀬 洋食
同 三養軒 洋食

横綱 交潤社 四條小橋
大關 美人座 祇園石段下
關脇 サロン高橋 河原町佛光寺
小結 祇園赤玉 祇園北側
前頭 東京パレス 河原町松原
同 河原町會館 河原町松原
同 神聖ホール
同 新京酒場

前頭 一養軒
同 京都ホテルグリル
同 大丸百貨店食堂
同 丸物百貨店食堂
同 京都驛食堂
同 京阪食堂
同 圓山食堂
同 スタンド
同 春日井
同 田毎食堂
同 十二段家
同 コマドリ

顧問 大森吉五郎 田中博 横田永之助
勧進元 京都の實業社

— 61 —

東にレストランと喫茶店、西にカフェーを配した番付表（『京都百番附』1934年より）

「カフエー営業取締規則」が京都で制定された。これらはカフェーを制度的に定義し、その内容を固定化した。東京では特殊飲食店、京都ではカフェーの要素として「接客」というサービスが明文化されたのである。東京では「接客」がない場合が「普通飲食店」であり、京都では「喫茶店」と、警察的には定式化された。

　京都での定義づけを見ておこう。

> 本令に於てカフエー営業と称するは其の名称の如何を問はず洋風の設備を為し飲食物を供し女給をして客席に侍《はべら》し接待を為さしむるを業とするものを謂《い》ふ（京都府令第二十四号）

　女給が客席に侍り接待をするサービス（接客）があるものがカフェーとされ、出店地域の制限や、ジャズ演奏の禁止、女給のダンス禁止など、細かい営業内容の規定や、様々な事項についての届け出義務を課していた。

　これ以降、カフェーは、レストランや喫茶店とは行政的警察的に分離したものとして存在するようになるのだ。

　分離直後の１９３５年（昭和10）２月に『京都帝国大学新聞』に「喫茶店《ガブガブハウス》と大学生」というエッセイが掲載された。著者は同時代をこう見ている。

近頃目ざましいのはこの喫茶店の発展ぶりだ。末梢カフエーがこの喫茶店の圧力に押され或は大衆食堂風に或はおでんや式に転向し断末魔の悲鳴をあげてゐるのも１９３５年の新しい断截面だ。…川端署の管内でも所謂《いわゆる》学生相手の喫茶店は増えるばかり…約百三十余店と云ふ驚くべき多数だ

喫茶店の名前もあがっている。

コバタ、峠茶寮、ウグイス、トミヤ、銀茶寮、ヤノー、リッチモンド、ヂプシー、チエリー、ヴアレンシア、フラワー、姉妹、フロインド、ハクアイ、ボヘシヤン

このうちリッチモンドでは、１９３４年秋ごろ、まだ三高生だった織田作之助の恋人になったばかりの宮田一枝が女給として働いていた。リッチモンドについては、「学生相手の場末のカフェー」という表現もある。喫茶店との差異化が明確ではなかったのであろう。

１９３５年12月21日の「戦線36年」という『京都日出新聞』の記事では、京都でのカフェーと喫茶店の数における劇的変化が語られた。

最近カフエの数は素晴らしい激減ぶりだ、之に反して喫茶店は素晴らしい氾濫だ。五条署

管内を例にとって最近数年間の統計を比較して見る

五条署による、カフェーの激減と喫茶店の氾濫を示す数値をグラフ化すると、この４年の変化が分かりやすい。

五条署のデータを信頼するならば、１９３２年には、喫茶店の３・６倍の店舗数を誇ったカフェーは、その数を年々減少させ、35年には、32年の半分以下にまで落ち込んでいる。喫茶店は、逆に、３倍に増加した。また、34年から35年にかけて、カフェーと喫茶店の人気が逆転したことになる。１９３４年の「カフェー営業取締規則」の影響の可能性もあるが、『京

年　度	カフェー	喫茶店
1932年度（昭和７）	134軒	38軒
1933年度（昭和８）	121軒	45軒
1934年度（昭和９）	106軒	63軒
1935年度（昭和10）	62軒	116軒

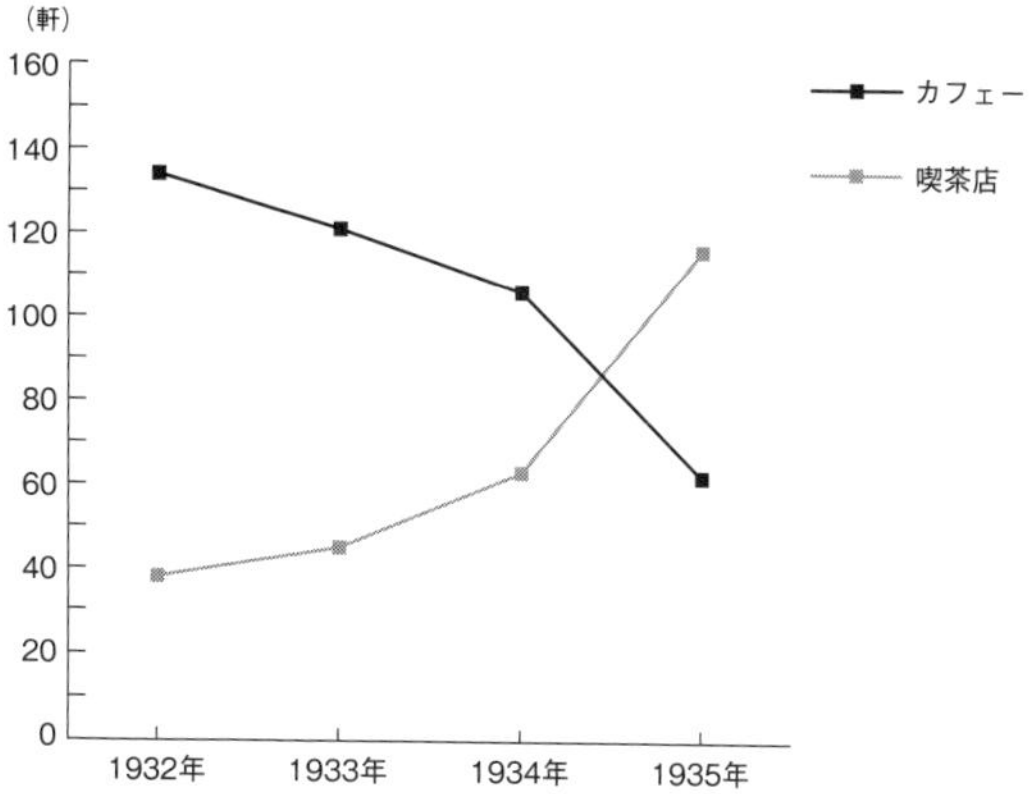

五条署管内のカフェーと喫茶店の変遷（1935年12月21日の『京都日出新聞』による）

都日出新聞』の記者はこう解説する。

> 喫茶店がかく発達した原因については小さな商談とか打合せとか待合せとか、かなり実用的な性格を持つて来たことと近代的テンポを備へてゐる為であらう

喫茶店の興隆は、その実用性と近代性にある、というのだ。もちろん、カフェーに比べて安上がりであるという点も大きい。さらに評論家の室伏高信《むろふせこうしん》は、東京での同様の「カフェー減少・喫茶店増加」現象について、「カフエーの過度の肉欲化に対する一個の反動」と分析する。カフェー女給への「肉欲」ではなく、文化的に昇華された喫茶ガールへの「恋愛」が、要求されていると論じた。（「喫茶店の流行」『読売新聞』１９３５年４月９日）

◇カフェーは不純喫茶？

こういうカフェーの分解衰退という状況下で、喫茶店戦線へとウイングを広げる戦略も見られた。内務省の「カフェーと女給」調査報告で、京都の「普通」店のカフェーとされた「カフエー雛鳥」は、１９３６年（昭和11）に「ヒナドリ喫茶部」を開いた。『京都帝国大学新聞』とのタイアップ広告は、この時代の喫茶店の「気分」を表現しており、一読の価値がある。

都会の色、三六年の色――赤と白のシンプルトーンが巧みにアレンヂされたボックス・チエアと壁のデザイン、クリーム色の電燈が明るく輝いて、可愛い女の子が赤いドレスでルージユの唇をほころばせて〝ムシッユ〟と言つて迎へてくれる…美味しいコーヒを、新鮮なフルーツを、そして軽い食事を済ませて一本のタバコを喫《す》ひ終つて、もう人混みの街頭に歩いて行かなければならぬ三六年の僕たちだ、そうした三六年的モードを全面に盛つた喫茶ルームがヒナドリである

都会的・近代的イメージを巧みに取り入れ、シンプルで柔らかい光が広がる室内を連想させる。「赤いドレス」と「ルージユ」の喫茶ガールとの遭遇だけでなく、さらに「アベック」での利用もここでは薦められていた。「異性的特殊存在様態」から、遠く離れたことがはっきりと分かる。

百万遍から今出川通りを東に進んだところに36年6月に開店した「ウヰンナ喫茶室」も『京都帝国大学新聞』にタイアップ広告を出していた。ある京大生とその友人が共同経営する「レコードの聴ける喫茶店」だ。現在の喫茶店やカフェとそれほど違いのない内容が読み取れる。「気のおけぬ喫茶店としては洛中屈指の存在」と推奨された。

この「ウヰンナ喫茶室」は、戦前の京都の喫茶店文化が語られる場合、しばしば言及される

文化新聞『土曜日』と、広告を通じて関係があった。『土曜日』は、1936年7月4日に京都で創刊された隔週新聞である。戦争や軍事へと傾斜していく当時の日本社会を、市民や文化の側面を通して、平和や自由へとつなぎとめようという小さな試みだった。

1934年9月の開業で現在も京都の老舗喫茶店として有名な「フランソア喫茶室」も『土曜日』に広告を載せている。「フランソア」以外には、当時学生やサラリーマンなどを惹きつけた「ビクター／四条河原町上ル東入ル」「花屋喫茶店／四条河原町北西角」「夜の窓／河原町六角東」などといった喫茶店の広告も確認できる。ただ、カフェーやバー系の店が全く広告を出していないわけではない。戦前、三高生や京大生に人気だった「正宗《まさむね》ホール」や「スタンド」といった酒場の広告もあった。

喫茶店側からのカフェーとの差別化の試みとして、「京都喫茶同業組合」の設立をチェックしておこう。1936年のことである。まず、準備委員会ができ、9月11日に創立総会が催さ

「喫茶ガール」と京大生（『京都帝国大学新聞』1937年10月20日より）。喫茶店は「現代的でアメリカナイズされた存在」だと記事は述べている

れ、参加加盟店が３００店余りで結成された。これらの事情を報道する『京都日出新聞』は、背景を次のように説明している。

> あわたゞしい都会生活のオアシスとして喫茶店と都会人は不可分のものとなりつゝあるが、その一面濫立、無統制の結果、学生のカフエ出入禁止と相俟《あいま》つて喫茶店の本質に反するカフエ類似のいかがはしいものも現れ、当局もその取締に悩み、喫茶店全体にも暗い影を投げかけつゝあつたところ、こゝに自覚した喫茶店主等が集まつて喫茶店の健康な発達を図るといふ明朗なニュースがある

喫茶店は本質的にカフェーと異なるという見方が、このニュースでも、喫茶店主にも、共有されていた。それはつまり、カフェーは「いかがはしい」営業をしている、という認識でもある。女給の「接客」が「いかがはしさ」の実態だろう。「接客」をカフェー営業のポイントとして規定した府の「カフエー営業取締規則」はすでに確固としたものになっていた。

この記事の見出しに使われているのだが、「いかがはしい」カフェーに対して、「オアシス」としての喫茶店は、「明朗」で「純潔」で「健康」をキーワードとして人々の安息所となることが使命である、というのだ。

とはいえ、急増する喫茶店がしのぎを削る中では、逸脱が生じるのを完全に防ぐことはでき

ない。この組合は、「原料価格の調査や品質研究」を行う目的があるとはいえ、「優良女店員の養成とその争奪を防止し併せて風紀衛生施設等を完備してカフエ酒場類似の営業方針を断固排撃」することを目指してもいた。

「組合加入店は当局取締の余地がないようにしよう」との意気込みには、「カフエー営業取締規則」を横目でにらんでいる気配が漂っている。

およそ1年後の１９３７年（昭和12）7月7日付の『京都日日新聞』では、「火華を散らす喫茶店嬢争奪戦／銀幕引抜《ひきぬき》合戦以上に麗眸《れいぼう》目指すゲリラ戦術」という見出しで、引抜合戦が、京都の「喫茶ガール」をめぐっていまだ展開されている事情が報じられていた。「都会人士のオアシスとして」の喫茶店は、音楽とレコードを楽しむという近代人の嗜好を満足させる場であるが、「美しい朗らかなサーヴイスガールを要求」しないと満足できない時代でもあるという。「京都喫茶同業組合」が断固反対している、喫茶ガールの商品化の方向性であった。

ところで、盧溝橋《ろこうきょう》事件の勃発がまさにこの7月7日であった。現在から振り返ると日中戦争がはじまった日である。これを機に、日本国と日本社会は、戦争へと加速度的に傾斜していくのだが、当時はだれもそうした未来を予想してはいなかっただろう。

ちょうどこのころ、１９３５年4月から3年間の学生生活を京都帝国大学で送った金子元哉は、40年余り後にその時代の京都の飲食と遊行を回顧している。ブルジョアの子弟でリッチな京都生活を送っていた金子は、喫茶店では四条小橋付近の「フランソア」「不二家」「デリケッセン」を利用し、カフェーとしては矢尾政の上の階を使い、警察の学生狩りを回避しながら東山ホールでダンスを楽しんだ。矢尾政の「嫌味もけれんもない」女給たちとは、映画を見に行ったり、鳥岩楼《とりいわろう》や三養軒で食事を楽しんだりもしていた。松竹少女歌劇の幹部や、祇園の舞妓や芸妓とも遊び交流している。少なくとも、卒業時の１９３８年3月までは、日中戦争の影響は、カフェーや喫茶店などの飲食遊行界には、まだ、大きな影を落としてはいなかった。

とはいえ、１９３７年7月14日、「フランソア」の創業者立野正一《たてのしょういち》が逮捕され、翌日治安維持法違反容疑で起訴された。11月8日には、文化新聞『土曜日』を発行していた中井正一《なかいまさかず》や関係していた新村猛《しんむらたけし》などが逮捕される。翌年、6月24日には、和田洋一や能勢克男《のせかつお》が検挙され、最後に9月13日、湯川秀樹《ゆかわひでき》とも共同研究していた武谷三男《たけたにみつお》も検挙されて、『土曜日』とつながる人的ネットワークが一掃された。こうして、京都における喫茶店ネットワークにくさびが打ち込まれたのも事実である。

１９３８年（昭和13）4月1日に公布され、5月5日から施行された国家総動員法は、それまでとは異なる環境をカフェーや喫茶店に対して開いた。警察による取り締まりとは別の次元で、戦時体制という中で、カフェーや喫茶店、女給や喫茶ガールは、統制されていくことになる。そこでは、個々の経営者や従業員や客が、個人のアイディアで自由に何かを展開するという余地が極小化していく。物資不足の深刻化と配給制度の設立と強化もあり、カフェー時代や喫茶店時代が出現する基盤がこうして掘り崩されていくのである。

そこには、また、別の物語が展開されており、別の視点とアプローチが必要となるであろう。

さて、１９４４年2月29日、高級享楽停止に関する非常措置（決戦非常措置要綱）が閣議決定され、公式には、あるいは表向きは、カフェーなどが社会から姿を消すことになった。一年後、この非常措置は「勝利の日」まで延長となる。当時の、裏表2面しかなかった『東京朝日新聞』の朝刊（2月2日付）によれば、前年2月末の全国のカフェー・バー数は１万99店で、１９２９年の内務省調査に比べて半減していた。非常措置で営業停止命令が出たのは、そのうち９４９３店。45年2月時点では、転廃業が１９５３店、休業中が２８５０店、健全娯楽として復活したのが４９９０店だった。なお喫茶店は高級享楽には含まれていない。

3月から、米軍による日本本土の都市に対する本格的な無差別爆撃が開始される。都市部にあった元カフェー・バー、そして喫茶店やレストランは、これによってほぼ焼き尽くされた。

この停止措置が解除されるのは、10月25日で、敗戦から2か月後のことである。ただ、大規模な空襲を免れた京都では、いち早く飲食関係の店も再開した。これもまた、さらに別な物語となるはずだ。

第七章　女給のファッションとカフェー建築

戦前の京都のカフェーで、どういう流れや物語があったのか、これまでほとんど知られていなかった。カフェーをめぐる物語は、そこにかかわり働き遊んだ人々の記憶や経験とともにフェードアウトした「幻」だったのである。しかし、記録の断片は、いろいろなところに残存している。たとえばマッチラベル、たとえば犯罪を報道する新聞記事。それらのバラバラに散在する小さな記録をつないでいくと、京都の「カフェー時代」と表現するしかないような展開が浮かびあがってきた。

ただ、その展開は、あくまで京都のカフェーのものだ。

京都のカフェーも、日本のカフェーの流れの一支流である。最後のこの章では、より大きな、しかし、大雑把な流れに焦点を当てたい。カフェー全体の変遷の中からトピック的な要素を取り出して、広がりを持った、比べることができるような、図式を示してみよう。

白いエプロンのイメージ

女給というと白いエプロンをイメージされがちである。このことをどう考えればいいのだろうか。より広い視野で捉えるとすると、女給のファッションの問題になる。そのカフェー女給のファッションの変遷について鳥瞰《ちょうかん》してみよう。

まず、ごく初期のカフェーから考えてみたい。銀座に出現したプランタン、ライオン、そしてパウリスタである。給仕のジェンダーで言えば、プランタンとライオンは若い女性、パウリスタは若い男性（ボーイ）であった。スタート時点で、プランタンとライオンの女給のファッションはどうだったのか。明確ではないが、いくつかの記録から推測はできる。

松崎天民《まつざきてんみん》の著書『銀座』（1927年）には、初期プランタンの女給としてお柳《りゅう》とお鶴が印象に残ると書かれている。このお柳は、天民がカフェーを初めて本格的に紹介した連載ルポ「カッフエー」に挿絵として登場する。「プランターンのおりうさん」だ。

プランタンの「お柳さん」（『東京朝日新聞』1911年9月5日より）

彼女は、日本髪に着物である。エプロンはつけていない。ルポ「カッフエー」には、ライオンの女給も挿絵として描かれている。ビールのジョッキを持って立ち働いているこちらの女給は、明らかにエプロンをしている（28頁）。天民の記述を読むと、着物は単衣《ひとえ》で「藍《あい》色」、帯は「赤」、その上に白いエプロンという際立つ配色であったことが分かる。はっきりは示されていないが、全員同じ着物、つまり和装の制服、その上に洋風エプロンを着用していたと考えられる。

ライオンは精養軒《せいようけん》の経営でスタートしている。精養軒は、1872年（明治5）に開業した東京で初めての本格的な西洋料理店で、ホテルも兼業していた。１９０７年に開催された東京勧業博覧会に出張所を出店し、そろいの着物の「桃山式乙女」が給仕し好評を博したが、そこでの試みを、このカフェーライオンでも取り入れたようだ。つまり、カフェーでの白いエプロン女給は、精養軒によるカフェーライオンに起源するといってよいだろう。「女給といえば白いエプロン」というイメージの出発点は、カフェーライオンであった、ということが分かる。「白いエプロン」は、少なくとも言説の上では、すぐにカフェー女給の記号となった。１９１３年（大正２）11月30日の『読売新聞』は、女給の仕事内容を紹介する記事「エプロンの誇」を掲載した。この記事はまず女給のイメージの話から始まる。

　カツフエー何々のウエートレツスと言つたらコーヒーの味を知る新しい青年少女は直に其の胸に懸《か》けたエプロンの白さを思起すであらう

カフェーの女給から「エプロンの白さ」が想起されるという連合作用が、確認されている。「白いエプロン」というファッションが、東京のカフェーで急速に広がっていた、と読んでよいだろう。

　少し京都の状況も参照しておく。１９１２年の萬養軒の広告では、「フランス式西洋料理」の店の宣伝として、洋装にエプロンの女給の図像が使われている（79頁）。これは広告であり、

旗の酒場の内部写真（鶴丸梅太郎「道頓堀のカフエー黎明期を語る」『上方』1932年22号より）

しかも、萬養軒は西洋料理店・レストランというイメージが当初から強い。ただ、カフェーに分類された萬養軒支店については、１９１４年時点での、女給の写真が残っている（70頁）。日本髪で、和装、その上におそらく白色のエプロンをしている。

正確な年代は分からないが、１９１０年代、大正年間の旗の酒場（キャバレー・ヅ・パノン）の内部写真が残されている。旗の酒場は、銀座のプランタンと似たコンセプトのカフェーで、１９１０年代前半に大阪の道頓堀《どうとんぼり》で開業している。３人の女給が写っているが、いずれも白っぽいエプロンを着用している。皆、着物姿に見える。

当時のカフェーの中心地、東京・銀座だけではなく、京都や大阪のカフェーでも、白エプロンの女給が働いていたことは間違いない。

秦《はだ》テルヲがかかわったカフェータワーの開店記念の写真でも、日本髪・和装・白いエプロンという定番のファッションがとらえられている（72頁）。１９１０年代前半で、女給ファッションは、日本髪・和装・白いエプロンである、という形で定着をみていたといってよいだろう。

さらに、１９２２年の東京と京都の新聞報道記事からは、エプロン着用の和装女給の写真を探し出すことができる。

下の写真の二人は、東京の「カフェーキョーバシ」の女給だ。同年の京都で行われた「女給人気投票」で票を集めた二人の女給の写真も見てほしい（87、92頁）。日本髪かどうかの判断が難しい例はあるとはいえ、いずれも和装に白っぽいエプロンを着用している。エプロンの胸当てが、それぞれ異なり、店ごとにエプロンで特徴を出そうとしていた可能性も見て取れる。

もちろん、胸当てのあるエプロンだけではなかった。例えば1925年に『アサヒグラフ』に載った「神田のあるカフェーの女給」の写真を見ると、胸当てはなく、エプロンというよりは前掛けといったほうがいいものをつけている。ただし白っぽい。

1926年初秋にスケッチされた今和次郎《こんわじろう》と吉田謙吉《よしだけんきち》による「銀座のカフェー服装採集」は、当時の女給ファッションを知る上では重要な史料である（4、5頁）。11店舗のカフェーの女給がスケッチされているが、洋装制服は1例で、あとは着物の制服である。典型的な胸当てもある白

カフェーキョーバシの二人の女給（『東京朝日新聞』1922年5月13日より）

神田のカフェーの女給（『アサヒグラフ』1925年6月10日号より）

いエプロンを女給が着用しているのは7例、胸当てのない白いエプロンは2例、羽織様のものが2例だ。胸当てのある白いエプロン姿が女給の典型イメージであるが、実際にはファッションに多様性があったことが示されている。

さて、次の写真を見てもらいたい。

1927年（昭和2）6月22日号の『アサヒグラフ』に掲載されたものだ。大阪で進行しているとされた「カフェーの大衆化」を報じるルポで使われている。女給60人体制で運営されていたカフェー「赤玉食堂」の写真だ。女性客もいるが、立っている二人は、給仕するしぐさなどから考えて「女給」と判断できる。

大阪のカフェー赤玉食堂（『アサヒグラフ』1927年6月22日号より）。エプロンを着ていない女給が見える

この二人、よく見るとエプロンをしていない。これはどういうことなのであろう。

このことについては、その2年後に書かれる村嶋帰之《むらしまよりゆき》の「大阪カフエー弾圧史」が参考になる。村嶋によると、ある時から「大阪の女給は女給の象徴と見るべきエプロンを着けずに、単に一個の『女』として客に対する」形式をとった。これは「営業者の方針」であり、最初にこの方向を実行に移したのは、カフェーユニオン（ユニオン食堂）の社長小堀勝蔵であったという。小堀は、１９２３年ころ、道頓堀の自社カフェーで、白いエプロンを廃止し、お召《めし》の着物に着替えさせ、頭髪や化粧も念入りにさせて、女給をサービスに出した。「このやり方が、ついに全大阪を風靡《ふうび》し、今もそれが継続している」と村嶋は１９２９年時点で振り返った。

その1年前、宗田千燈《むねたせんとう》が分析した大阪を中心とするカフェーの変遷での、脱エプロンの意味も傾聴に値する。

> ここ数年前迄のカフェーの女給なるものは、唯単に食事の給仕にとどまり、云ふ迄も無く純白のエプロンには明らかに給仕女なる姿容を整へて居ると認められたのであります。然るに二三年以前より多くあるカフェーの内の主なるものが所謂エプロンを捨て、衣服の艶《えん》麗美《れいび》を露骨に現したが為に、忽ちにして衣装の競争となり…

１９２５年ころから、大阪の主なカフェーでエプロンが捨てられ（脱エプロン化して）着物の良さや美しさを前面に出し、その競争が起きた、というのである。

また、写真やスケッチなどイメージ資料はないが、着物の華麗化や脱エプロン前後には、野球のユニホーム、乗馬服で統一した店や、「支那服、洋服、ロシア服」の女給が勤める店もあったという証言は残されている。

１９２９年の『京都日出新聞』に連載された「近代京都風景」は、第４回に「カフエー」を取り上げた。そこで使われているコラージュ写真の女給は、髪も短めの洋髪で、エプロンをしていない（１４４頁）。

同じ年の、『読売新聞』を見よう。８月24日には「バアの女給」という記事で写真が使われた。東京の例である。また、折からの取り締まりに対する女給側の意見を取り上げた記事に登場した「バーセレクト」の女給も写真が載った。こちらも東京である。いずれもエプロンはしていない。

１９２０年代の半ばに大阪のカフェーユニオンで開始された「脱エプロン化」は、はじめ大阪で広まり、やがて、20年代終わりには、東京や、たとえば京都などの都市部のカフェーで採用されるようになったのである。

ところで、洋装はどうだろうか。少数だが、洋装の制服を採用していたカフェーやレストランの例は知られている。制服的でない、自前による洋装としては、京都の祇園会館の女給長・柳咲子の例が、写真として残る今のところ最も早いものである（１４６頁）。

洋酒がのった盆を持つ女給（『読売新聞』1929年8月24日より）

バーセレクトの女給（『読売新聞』1929年9月25日より）

カフェー銀座会館の女給たち（『アサヒグラフ』1931年4月21日号より）

新聞記事によれば、柳咲子は、断髪に青い洋装だった。数年前から新聞や雑誌をにぎわしていた「モダンガール」を意識したものと思われる。ただ、女給での洋装は広がりを見せない。

1931年4月21日に掲載された大阪資本の大きなカフェー「銀座会館」の写真を見ると、髪型と着物の柄や着付けに多様性が見られるものの、洋装の女給はいない。

1930年と翌年の「サロン春」でも、少数の女給しか映ってはいないが、全員和装だ。

つまり、「脱エプロン化」したカフェーの女給は、大

サロン春の女給たち（『アサヒグラフ』1930年8月20日、31年4月22日より）

きな流れとして、美装「着物」をまとうようになっていったのである。洋装が女給の服装として入り込む余地はほとんどなかったといえるだろう。おそらく洋装は、小規模のカフェーから変化していくバーや、カフェーとは異なるジャンルへと展開していく喫茶店で、より多くファッションとして採用された。

１９３７年の『京都帝国大学新聞』に載った、喫茶ガールを一例として見ておこう（１７８頁）。いま見ても違和感があまりない光景である。昭和初期の洋装は、喫茶ガールの服装として、広がりを見せたのであった。

◇◇◇営業者・美術家・建築家

さて、女給のファッションについては大きな流れがつかめたと思う。もう一つ、カフェーの建築について簡単に見ておきたい。

カフェーの「建築」といっても、より細かく見ると、構造、外観、内装、インテリアなどがあり、幅広い領域が広がっている。照明や音環境などを含める可能性もある。じつに大きなテーマだ。ただ、ここではごく簡単にこれまでと異なる視点を歴史的にたどっておきたい。

まずは、一例として、インテリア、その中でも椅子について、少し考えてみよう。

カフェーは、洋式の「飲食店」としてスタートしているので、外と内の区分としての靴の履《り》脱《だつ》がない。その上で、机と椅子がしつらえられる。当初この点は、それまでの飲食関連施設との大きな違いで、新しいあり方であった。ただ、現在では、カフェの対極にある蕎麦屋や寿司屋でさえ、多くは店内へ靴のままはいり、椅子に腰かけ、机を利用して食事する。これは、カフェーの形式が飲食店において全面化した事態、と見ることができる。

カフェーの椅子をさらに見てみよう。初めは、木製の一般的なチェアーが使われていた。正方形や円形の天板のテーブルに、椅子4脚が配される、というのが典型的パターンであった。ところが、女給の商品化が進むに従い、女給が客の横に座れるような二人掛けの「いす」や座席が用意されるようになった。いつしか「ボックス」という言葉も使われるようになる。椅子自体の素材も、布や皮や金属などへと変化していくのである。

１９３０年代に入ると、様々な造形やデザインの「椅子」が導入され、多様な椅子がカフェーで用いられていったことが、写真資料などから見てとれる。

このような一つのアイテムにおける変化は、おそらく、営業者、つまり、カフェーのオーナーや支配人が主導で進めたものであろう。彼らの考えで、いかに需要を喚起するか、客をいかに引きつけ店内に引き入れるか、という点を最も重要なポイントにして、様々なアイディアが出され、実現していったと思われる。

とはいえ、ここでは、広くカフェー建築という時に、「営業者」以外に、どういうエージェントが、つまり「営業者」以外の誰が、影響力を持ったのか、実際に建築にかかわったのか、という点を軸に少し整理してみたい。紙幅の都合でアウトラインしか示すことができないことをお断りしておく。

まず、初期のカフェーでは、美術家によるカフェーの「建築」へのかかわりが重要であった。具体的に見ておこう。

銀座にできた初期のカフェーであるプランタンは、経営者となった二人の美術家とその仲間が外観や内装を自分たちで作り上げた。また、客であった芸術家や文学者たちの壁の落書きが評判となり、文化を求める若い客を引きつける要素となったという。

初期のカフェーでは、プランタン以外にも、美術家がカフェーの建築、特に内部の装飾に関係する例が記録されている。京都の例として、すでに秦テルヲなどのかかわりは見ているが、大阪の例も一つ参照しておこう。旗の酒場（キャバレー・ヅ・パノン）である。

旗の酒場がいつ開店したのかについては確定的ではない。１９１２年あたりの可能性が高い。このカフェーを開業するときに装飾などの相談にのったという鶴呆二によると、淡白な装飾の淡い色の空間が広がり、壁にはビアズリーのサロメの版画も配されていたという。興味深いことに、ビアズリーから触発されたと語られる水島《みずしま》爾保布《におう》が初めてビアズリーを見たのはここで、１９１３年４月のことだった。

旗の酒場の外観（『建築と社会』1929年3月号より）

ただ、こうした美術家のカフェー建築へのかかわりは、初期のカフェーに限られ、やがて衰退していくことになる。

カフェー建築にとって大きな転換点となったのが、1923年の関東大震災である。

関東大震災で、銀座など東京のカフェーは、大きな被害に見舞われるが、復興に向かうと、飲食店の数が急速に増えていく。その時、外観や内装に、美術家や建築家が意識的にかかわるようになる。とくに重要なのは、今和次郎や吉田謙吉が主催したバラック装飾社の活動だろう。引き受ける仕事として「バラックを美しくする仕事一切」を挙げている。具体的には、「住宅」など六つのタイプがリスト化されたが、そのうち二つは「レストラン」と「カフエ」であった。

この集団が手掛けた銀座のカフェーキリンはその外観で人目を引いた。

この集団の影響については、1929年時点での、次のような証言が注目できる。

> 関東の震災…（中略）…の残骸の中から、バラック建築の復興に伴つて、刺激的な、砂漠のオアシスのやうな食と享楽の場所を求め、経営者も競うてこの需要に応じ、荒んだ荒野の中に、新たなる色彩の建築が生れたのは、やがてレストラント、カフエー、喫茶店の勃興をもたらし関西におけるカフエーにはその影響が頗る多いやうに思はれます…東京に於ても美術家の一団がバラック建築に特殊の試みをしたのもこの時であります。

明らかに、バラック装飾社の活動へ言及している。さらに、別人物の証言からは、バラック装飾社の傾向がどう捉えられていたのか、そして、その傾向がどう継続しているかについての認識も見える。

バラック装飾社が手掛けたカフェーキリンの外観と内部写真
(『今和次郎採集講義』青幻舎、2011年より転載)

バラック建築は、性質から云つても…用途から云つても、成べく簡単に、成べく印象的な、成べく刺激の強いものが要求されたので、それに合つたものとしてこの未来派だとか、表現派風の意匠が多く用ゐられたやうに思はれます。現在のカフエーの様式は、主としてこの未来派だとか、表現派だとか、立体派なんかの亜流を汲んだもので…時代の思潮の一つぢやないか知らぬと思ひます。

　ヨーロッパに起源する、新興の芸術運動とその様式が、関東大震災後、バラック建築として取り入れられた。１９２９年（現在）のカフェーの意匠もその流れとして理解できる、と語られていた。

　これらの発言は、29年3月1日発行の雑誌『建築と社会』の「レストランとカッフエー号」に掲載された「レストラン、カッフエー座談会」でなされたものだ。

　この特集に寄稿していた伊藤正文の論考「カフエー時代」は、当時の状況を建築家がいかに捉えたかを知る上でも興味深い。

　彼によると、「現代の文化はカフエーに代表され」「所謂《いわゆる》モダンの社会相の尖端はカフエーに於て見られる」という。カフェーが尖端化したのは、「一年このかたのこと」で、「目新しく、鋭く、きらびやか」で「感覚的」な「カフエーの建築表現」が大阪で、急速に広がった。ただ、現在のカフェーは「真のモダン建築」ではない。「表現派、構成派、の所謂モダンと、アメリカ式低趣味、低回趣味の病的現象との二つの傾向が観取」されるものにすぎない、と厳しい評価をくだした。

その伊藤が、モダンの実例となる可能性を指摘するのが、「京都の駒鳥《こまどり》」と「高知市のソプラノ小路に出来た」「スローガン」である。この「駒鳥」は四条柳《やなぎの》馬場《ばんば》東入ルに開店した「コマドリ」だろう。「スローガン」については詳細は不明だ。

伊藤によると、友人の小川安一郎《おがわやすいちろう》による野田屋食堂増築と上野《うえの》伊三郎《いさぶろう》の東洋亭増築には見るべきものがあるという。特に上野のものは「モダンであり、清新な手法を創案することに於て常に先駆である」と高い評価を下した。

白黒写真なので分からないが、伊藤の表現によると、「赤や青や黄の鋭い色彩の家具」と「赤いペッヘ氏のデザインによる壁紙」に取り囲まれた部屋であるという。ここを利用したある客は、「生の色ばかりでも野卑な感じがしない」とか「今の人たちにちょうどあっている」と語っていたという。

こういうことだろう。『建築と社会』で「レストランとカッフエー号」が企画された時、大阪は、カフェーの乱立期であった。

上野伊三郎設計による京都の東洋亭内装(『建築と社会』1929年3月号より)

そこでは、人目を引く意匠が、カフェー建築に用いられていたが、建築家の立場からすると、大半は客の好奇心を引くだけのものであった。つまり営業本位であり、経営者目線の建築だったのだ。

ただ、本間《ほんま》乙彦《おとひこ》のように、カフェーは「建築家の稽古台として」も重要であり、「復興東京のバラック建築が、若き建築家、芸術家の群に自由なる試みを大胆に与えて、現代の建築相に一種の清新味を加へた」のと同じ機会を提供している、と見る立場もあった。

ヨーロッパで学び、バウハウスの影響も受けた上野伊三郎は、この東洋亭での増築にかかわりながら、京都でチェーン展開していくスター食堂の設計も依頼されていく。スター食堂は、カフェーローヤルで支配人も務めていた西村《にしむら》寅《とら》太《た》郎《ろう》が、独立し、1925年に新京極《しんきょうごく》で開店したレストランである。

1930年には、「ガラス窓をファサードにネオンサインが光る凝った意匠」のスターバーを設計する。内部透視図は妻の上野リチが担当した(15頁)。

建築家によるカフェー建築への関与は、このように1930年代から本格化していったのである。

京都のスターバーの外観(『インターナショナル建築』1930年第2年第9号より)

簡単に、カフェー建築と建築家のかかわりを整理してみた。建築家が、営業者との方向性の違いをどのように調整しながら、カフェーの外観や、構造や、内装やインテリアを実現していったのか、より微細に検討すると、さらに面白いことが発掘できるのではないだろうか。

四条木屋町上がるにあった不二家洋菓子店の外観。地下はカフェー交潤社だった(『近代建築画譜 近畿編』1936年より)

キャバレー赤玉の内装(『近代建築画譜 近畿編』1936年より)

〈主要参考文献一覧〉

青山光二『青春の賭け――小説織田作之助』講談社、２０１０年
飯島正『ぼくの明治・大正・昭和――自伝的エッセー』青蛙房、１９９１年
上杉和央、加藤政洋編著『地図で楽しむ京都の近代』風媒社、２０１９年
臼井喜之介『京都味覚散歩』白川書院、１９６２年
大橋良介解説『九鬼周造　エッセイ・文学概論（京都哲学撰書第30巻）』燈影舎、２００３年
織田作之助『世相・競馬』講談社、２００４年
笠岡市立竹喬美術館ほか編『デカダンから光明へ／異端画家秦テルヲの軌跡――そして竹久夢二・野長瀬晩花・戸張孤雁…』日本経済新聞社、２００３年
加藤政洋『酒場の京都学』ミネルヴァ書房、２０２０年
桑原武夫「九鬼先生の遊び」『九鬼周造全集 第9巻月報10』岩波書店、１９８１年
斎藤光「ジャンル「カフェー」の成立と普及（1）」『京都精華大学紀要』第39号、２０１１年
斎藤光「ジャンル「カフェー」の成立と普及（2）」『京都精華大学紀要』第40号、２０１２年
斎藤光「「カフェージャンル」への警察的介入についての研究ノート――１９１１年から１９２９年まで／村嶋歸之の論考から抽出される3フェーズ図式」『京都精華大学紀要』第53号、２０２０年
新藤兼人『ある映画監督――溝口健二と日本映画』岩波書店、１９７６年
スターバックス公式ＨＰ：https://www.starbucks.co.jp/（２０２０年8月12日閲覧）
瀬川昌久、大谷能生『日本ジャズの誕生』青土社、２００９年
竹村民郎、鈴木貞美編『関西モダニズム再考』思文閣出版、２００８年
永井良和『社交ダンスと日本人』晶文社、１９９１年
中村勝著、井上史編『キネマ／新聞／カフェー　大部屋俳優・斎藤雷太郎と『土曜日』の時代』ヘウレーカ、２０１９年
野口孝一『銀座カフェー興亡史』平凡社、２０１８年
野田宇太郎『日本耽美派文学の誕生』河出書房新社、１９７５年
初田亨『カフェーと喫茶店――モダン都市のたまり場』ＩＮＡＸ、１９９３年
林哲夫『喫茶店の時代――あのときこんな店があった』編集工房ノア、２００２年
美留町義男『軍服を脱いだ鷗外――青年森林太郎のミュンヘン』大修館書店、２０１８年
山野英嗣、池田祐子編『上野伊三郎＋リチコレクション（京都国立近代美術館・所蔵作品目録7）』京都国立近代美術館、２００９年
和田博文『テクストのモダン都市』風媒社、１９９９年
和田博文編『カフェ　コレクション・モダン都市文化12』ゆまに書房、２００５年
和田洋一『私の昭和史――『世界文化』のころ』小学館、１９７６年
『復刻版　建築と社会　第35巻』不二出版、１９９３年
『買売春問題資料集成〔戦前編〕第18、22巻』不二出版、２００３年
『復刻版　上方食道楽・食通』丸善雄松堂、２０１６年

用語集

W・M・ヴォーリズ（1880〜1964）

アメリカ合衆国に生まれ、日本で数多くの西洋建築を設計した建築家。

円タク

「一円タクシー」の略。大正末期から昭和初期にかけて、各都市内を料金1円均一で走った。一般の流しのタクシーも「円タク」と呼ばれた。

織田一磨（1882〜1956）

版画家。東京・大阪を活動の拠点とし、風俗を描写する数多くの版画を残した。カフェーに関するものも多く、カフェーの内装、女給のファッションなどを知る上でも貴重な資料である。

梶井基次郎（1901〜32）

小説家。三高理科、東京帝大英文科で学ぶも、肺結核のため退学。初めての創作集『檸檬』刊行の翌年、31歳で死去。三高時代、祇園石段下のカフェー「レーベン」にたむろしていた。

菊池寛（1888〜1948）

京大卒業後、新聞記者を勤めつつ『恩讐の彼方に』等の短編小説を発表して、新進作家として注目される。23年には『文藝春秋』を創刊。芥川賞・直木賞の設立でも知られる。銀座のカフェーをこよなく愛した。また、広津和郎の小説『女給』にモデルとして登場し、小説を載せた中央公論社とバトルを演じた。

木下杢太郎（1885〜1945）

医学者・詩人・劇作家。北原白秋と文芸雑誌『スバル』等を刊行。キリシタン・美術史の研究にも多くの業績を残した。東京のカフェー「メゾン鴻之巣」に多くの文士とともに出入りした。

狭軌と広軌

鉄道レールの間隔が標準軌間（1・435メートル）より狭いものを狭軌、標準より広いものは広軌と呼んだ。なお、京都市の最後の狭軌線である堀川線（京都駅前〜北野間）は1961年に廃線。

京都日日新聞

前身は1912年創刊の「京都夕刊新聞」。神戸新聞社が買収・改題して「京都日日新聞」となる。夕刊紙だったが、28年から朝刊を発行した。42年、第二次世界大戦中の新聞統合政策により「京都日出新聞」と合併し「京都新聞」となる。

京都日出新聞

1879年創刊の「京都商事迅報」が幾度か名称変更し、

1897年に「京都日出新聞」へ改称。42年、第二次世界大戦中の新聞統合政策により「京都日日新聞」と合併し「京都新聞」となった。

九鬼周造（1888～1941）

哲学者。8年に及ぶヨーロッパ留学中にベルグソンやハイデガーらから最新の哲学を学び、帰国後は京都帝大の哲学科教授となって、実存哲学を追求した。

今和次郎（1888～1973）

民俗学研究者。街の様子や人々の生活のあり様の変化を観察し分析する「考現学」を創始したほか、服装研究、農村調査など、様々な活動と記録を行った。

松竹

1895年に創業した映画・演劇の製作・配給会社。1920年に松竹キネマ合名会社を設立して映画製作に乗り出し、東京の蒲田撮影所で現代劇、京都の下加茂撮影所で時代劇を撮った。

新京極

京都市中京区の地名。三条から四条まで寺町通りの東を南北に走る繁華街。もとは寺院が多い土地だったが1872年に収公、通りを開き繁華街がつくられた。

太宰治（1909～48）

小説家。青森県出身。『人間失格』を発表した直後、山崎富栄とともに玉川上水に身を投じた。代表作に『斜陽』『津軽』など。ちなみに『人間失格』には「銀座二丁目の大カフエ」のツネ子と「自分」が入水する場面がある。

建物強制疎開

空襲による延焼を防ぐのを目的に、事前に建築物を取り壊して空き地をつくること。全国で実行され、京都では1944年7月から取り壊しが進められた。

谷崎潤一郎（1886～1965）

小説家。明治末から昭和中期にかけて『刺青』『痴人の愛』『細雪』など様々な作風の名作を残した。『痴人の愛』のナオミは、カフェーの元女給という設定。

内務省

明治憲法下の中央官庁。警察・地方行政・選挙など、内務行政を広く管轄した。1947年に廃止。

永井荷風（1879～1959）

小説家。カフェーに頻繁に出入りし、銀座のカフェータイガーの女給「お久」と馴染んだが、金銭をゆすられ、警察沙汰になった。カフェーを題材にした小説に『つゆのあとさき』などがある。

日活

1912年創業の映画製作・配給会社。「日活」は日本活動写真株式会社の略名。1923年の関東大震災で東京の向島撮影所が被害を受けたため、京都の大将軍に移り、京都のハリウッド化を加速させた。

秦テルヲ（1887～1945）
日本画家。京都市立美術工芸学校を卒業後は画壇と距離を取り、個展で作品を発表し続けた。労働者や女郎、売春婦など虐げられた人間の姿を洋画的手法で描いた。

マキノキネマ株式会社
日活を退社したマキノ省三が京都・等持院境内に設立した牧野教育映画製作所が母体。省三は尾上松之助や阪東妻三郎らを招き、先駆的な時代劇を製作するほか、多くの映画人を育成した。

松崎天民（1878～1934）
新聞記者・文筆家。国民新聞に入社以来、社会の裏面をフィールドワークする記事を得意とし、カフェーについても多くの文章を残している。

松山省三（1884～1970）
洋画家。東京美術学校を卒業後、黒田清輝らに師事する。1911年に平岡権八郎とカフェープランタンを開店。二人とその仲間である美術家が外観や内装を担当し、壁を埋め尽くす落書きで有名だった。

溝口健二（1898～1956）
映画監督。1923年『愛に甦へる日』で監督デビュー後、『残菊物語』等の「芸道もの」をはじめ、数くの名作を残し、今も国内外で評価が高い。29年の監督作『東京行進曲』には、ボックス席のある大型カフェーが登場する。

本野精吾（1882～1944）
モダニズム建築の先駆者。東京帝大建築学科を卒業後、ドイツに留学し、帰国後は日本インターナショナル建築会に参加した。兄の電気工学者・本野亨とともに、流行のダンスを楽しんだ。京都高等工芸学校教授も務めている。

モガ・モボ
昭和初期の都市部で、断髪洋装で街を闊歩した若い女性（モダンガール）と、その男性版（モダンボーイ）をまとめてこう呼んだ。

森鷗外（1862～1922）
小説家、軍医。小説『ヰタ・セクスアリス』や史伝『渋江抽斎』、医学・文学の評論、戯曲などの翻訳など、多ジャンルの著作を残した。与謝野晶子らと文芸雑誌『スバル』を創刊した。

和田洋一（1903～93）
ドイツ文学・ジャーナリズム研究者。同志社大学で教鞭をとる。中井正一らと雑誌『世界文化』を編集し、欧米の反ファシズム文化を紹介した。主著に『戦時下抵抗の研究』など。

あとがき

振り返ってみると、カフェーへの興味は、モダンガール研究からのスピンオフであったと思う。それまでもモダンガールについて文献を集めていたが、京都の街をモダンガールは歩いたのだろうか、という疑問が出て、新聞記事で確かめようという、いま思うと無謀な考えが浮かんだ。２００８年のことである。新聞記事で調べたモダンガールと京都の近代については、『京都新聞』に「尖端少女／モダンガールの・と京都」として、２００９年9月から28回連載させていただいた。このときの記事・資料リサーチで、それまであまり知られておらず、自分でも全く知らなかった、京都でのカフェーの問題が強烈な光線となって視野に入ってきた。

２００９年12月に、現代風俗研究会で、２０１０年7月に、国際日本文化研究センターの共同研究で、カフェーと喫茶店について報告している。２０１１年と12年には、『京都精華大学紀要』に論文として発表した。当時は、それらに続けて研究を公表していくつもりでいた気がする。しかし、以降、大学運営の仕事が急速に忙しくなり、断片的な調査が、無系統に山積していくだけになってしまった。

昨年の1月に、淡交社の編集者萩野谷龍悟さんから、お手紙を受け取った。その中で、カフェーに関する書籍の出版を提案いただいた。ここで、まとめなければ、そのまま冥途の土産になるだけだ、渡りに船と、提案に乗せてもらった。その結果実現したのがこの本である。

はじめは、これまでの無系統の資料をそれなりに系統化すれば、記述が可能と考えていた。ところがそうはいかない。資料に穴がある、リサーチが全く足りていなかったのである。京都の新聞をマイクロフィルムで保存し、閲覧できる図書館へ足を運んだ。特に１９２９年の状況、九鬼周造が帰国してすぐに遭遇した、京都でのカフェーの乱立の断片的記録には、こうしてぶつかった。

　図版を多く入れようというのは、萩野谷さんのアイディアでもあった。ただ、カフェーの図版は、系統的に残されていない。多くのメディアに散在している。永井良和さんからは、長年研究されてきたダンスホール関連の資料に、実はローヤルの写真もあるということを教えていただいた。今回使わせてもらい、写真所収の雑誌などについて簡単な解説もお願いした。記して感謝したい。

　ところで、京都のカフェーに関して、今回、全く触れることができなかった部分がある。経済的側面だ。第一は、女給たちなど従業員の収入問題である。チップ中心であるが、給与という場合もあった。第二は、税金問題である。政府や行政は、「勧興税」「遊興税」「女給税」などを構想し、実際にカフェーなどに課税した。警察力による取り締まりと並んで、これもカフェージャンルを制御する大きな力であったが、全く触れていない。第三は、営業利益の面である。乱立した点から見ると、すぐに利益があがったともいえるし、多くの店が消失した点から見ると利益の回収が難しかったともいえる。ただ、大阪資本を中心に、植民地にまでチェーン展開するカフェー（キャバレー）も30年代後半には出ていた。経済の側面は、次の課題である。

　さらに、戦後から現在までの記述も、埋めるべきだろう。１９７０年代のほんやら洞や、80・90年代のカフェDojiなどの記憶を、記録として「カフェーの時代」とつなげてみたい。いまはそう考えている。

〔著者略歴〕

斎藤 光（さいとう ひかる）

1956年生まれ。京都精華大学ポピュラーカルチャー学部教授。京都大学理学部・北海道大学大学院・東京大学大学院卒。専門は生物学史・性科学誌・近現代文化誌など。著書に『幻想の性　衰弱する身体』(2005年)、共編著書に『性的なことば』(2010年)、共著に『〈いのち〉はいかに語りうるか？』(2018年)などがある。近年は京都の「モダンガール」や戦前日本の「カフェー」を研究している。

〔コラム執筆者略歴〕

永井 良和（ながい よしかず）

1960年生まれ。関西大学社会学部教授。京都大学文学部、同大学院文学研究科学修退学。専門は都市社会学・近代日本の大衆文化など。著書に『にっぽんダンス物語――「交際術」の輸入者たち』(1994年)、編著に『ダンスホール コレクションモダン都市文化 第4巻』(2004年)ほか、共編著書も多数。

幻の「カフェー」時代　夜の京都のモダニズム

令和2年9月20日　初版発行

著　者　斎藤光
発行者　納屋嘉人
発行所　株式会社 淡交社
〔本社〕〒603-8588 京都市北区堀川通鞍馬口上ル
営業 075-432-5151　編集 075-432-5161
〔支社〕〒162-0061 東京都新宿区市谷柳町39-1
営業 03-5269-7941　編集 03-5269-1691
www.tankosha.co.jp

ブックデザイン　浜田佐智子
印刷・製本　亜細亜印刷株式会社

ISBN978-4-473-04411-2